Todos los libros de Linkgua Ediciones cuentan con modelos de Inteligencia Artificial entrenados por hispanistas. Pregúntale al chat de tu libro lo que desees acerca de la obra o su autor/a.

Para **ebooks**: Accede a nuestro modelo de IA a través de este enlace.

Para **libros impresos**: Escanea el código QR de la portada con tu dispositivo móvil.

Obtén análisis detallados de nuestros libros, resúmenes, respuestas a tus preguntas y accede a nuestras ediciones críticas generativas para una experiencia de lectura más enriquecedora.
La transparencia y el respeto hacia la autoría de las fuentes utilizadas son distintivos básicos de nuestro proyecto. Por ello, las respuestas ofrecen, mediante un sistema de citas, las fuentes con las que han sido elaboradas.

Domingo Faustino Sarmiento

Argirópolis o la Capital de los Estados Confederados del Río de la Plata

Edición y prólogo de Adriana López-Labourdette

Barcelona 2024
Linkgua-ediciones.com

Créditos

Título original: Argirópolis o la Capital de los Estados Confederados del Río de la Plata.

© 2024, Red ediciones S.L.

e-mail: info@linkgua.com

Diseño de cubierta: Michel Mallard.

ISBN NFT: 978-84-1126-945-2.
ISBN rústica ilustrada: 978-84-9953-613-2.
ISBN tapa dura: 978-84-1126-104-3.
ISBN ebook: 978-84-9897-121-7.

Sumario

Créditos   4

Brevísima presentación   7
    La vida   7
    Argirópolis   9
    Bibliografía   15

Introducción   17

Capítulo I. Origen y condiciones del encargo de las relaciones exteriores hecho al gobierno de Buenos Aires por las provincias de la República Argentina   23

Capítulo II. Las Provincias Unidas del Río de La Plata, el Paraguay y la República del Uruguay   37

Capítulo III. La capital de los Estados Unidos del Río de La Plata   49

Capítulo IV. Atribuciones del congreso   63
    Comercio interior y exterior   65
    Navegación   66

Capítulo V. Argirópolis   79

Capítulo VI. De las relaciones naturales de la Europa con el Río de la Plata   93

Capítulo VII. Del poder nacional   107

Libros a la carta   125

Brevísima presentación

La vida

Domingo Faustino Sarmiento (1811-1888). Argentina.

Hijo de José Clemente Sarmiento, soldado del ejército del San Martín, y de Paula Zoila Albarracín. Tuvo quince hermanos, solo sobrevivieron seis.

En 1816 ingresó en la Escuela de la Patria. Estudió latín a los trece años, doctrina cristiana y geografía y trabajó para un ingeniero francés.

La Autobiografía de Benjamín Franklin influyó en él. En 1828 entró en el ejército a favor de los unitarios. Escribió mucho y con autoridad sobre temas militares. Se distinguió en el combate de Niquivil y sufrió arresto domiciliario hasta que en 1831 marchó a Chile. Allí fue minero durante tres años. Sin embargo, continuó sus estudios y tradujo obras de Walter Scott.

En 1842 el gobierno de Chile lo nombró director y organizador de la primera Escuela Normal de Preceptores de Santiago de Chile. Escribió en la prensa chilena bajo la influencia de Larra. Viajó a Madrid; Argel, Italia, Suiza, Alemania, Inglaterra, Estados Unidos y Canadá. Poco después se casó con Benita Martínez Pastoriza.

Fue representante de Argentina en los Estados Unidos. Estuvo tres años allí y se interesó por conocer su democracia, que había apreciado en su viaje anterior.

En 1880 fue candidato a la presidencia de la república.

El 8 de mayo de 1888 marchó a Paraguay en busca de un ambiente propicio para su salud. Murió unos días después.

Argirópolis

En 1850, en Santiago de Chile, la imprenta Julio Belin publica, sin referirse al autor, el volumen *Argirópolis o la Capital de los Estados Confederados del Río de la Plata. Solución de las dificultades que embarazan la pacificación permanente del Río de la Plata, por medio de la convocación de un Congreso, y la creación de una capital en la isla de Martín García, de cuya posesión (hoy en poder de la Francia) dependen la libre navegación de los ríos, y la independencia, desarrollo y libertad del Paraguay, el Uruguay y las provincias argentinas del Litoral.* El exhaustivo título delataba ya desde un principio la pluralidad discursiva del texto que precedía. En él se propone —¿se promete?— no solo el diagnóstico de los males políticos y económicos que aquejan a las sociedades sureñas, sino también su solución vinculada a la fundación de un territorio urbano —aspecto implícito en una de las raíces del topónimo propuesto: «polis» de origen griego— y situado en el Río de la Plata —rasgo implícito en la otra raíz de *Argirópolis*: del latín *argentum*, como cabeza de una nueva federación. Más allá del pluralis maiestatis constante a través de todo el texto, su pretendida anonimidad sugiere una voluntad de objetivización del discurso presentado, como si, de la naturaleza de la situación estudiada, brotara espontáneamente tanto su caracterización, su análisis como las correspondientes propuestas de solución. No será hasta 1851, cuando la correlación de fuerzas políticas en la Argentina había cambiado a favor de Justo José Urquiza, en detrimento del apoyo al «restaurador de las Leyes» Juan Manuel de Rosas, precisamente un año antes de la derrota de Rosas, que *Argirópolis* aparecerá por primera bajo la firma de Domingo Faustino Sarmiento. Curiosamente, para esta fecha ya habían aparecido, bajo la autoría de Sarmiento, dos traducciones al francés: la primera, de J. M. Lenoir, realizada en pocas horas y en ausencia del autor, y un año más tarde, otra, de Ange Campgobert que corrige la primera y le adiciona un prólogo. Al parecer, a la hora de convencer a Francia de las ventajas del proyecto fundador sí importaba que apareciera el nombre del autor, y con él su autoridad, avalada por su activismo cultural (fundador de la Sociedad Literaria, de los periódicos *El Zonda* y *El Progreso*), su continua presencia en las discusiones políticas (como tenaz colaborador de los periódicos *Mercurio*, *El Heraldo Nacional* o *El Nacional*), su continua labor pedagógica (por ejemplo, como director de la Escuela Normal de Preceptores). Para introducir su autoría en un volumen que en un principio había prescindido de ella, Sarmiento recurre a la publicación conjunta de un libro de memorias (*Emigración alemana al Río de la Plata*), acompañadas de comentarios de Johan Eduard Wappäus, y de *Argirópolis*. Subjetividad de la(s) memoria(s) de la mano de una ilusión de objetividad en *Argirópolis*; un sujeto que se funda en la reflexión sobre una problemática determinada, un proyecto que paralelamente se funda tanto en la reflexión como en el sujeto. Doble legitimación de una experiencia vivida —y contada— y de un futuro ideado —y enunciado.

Comparado con *Facundo. Civilización y barbarie*, de 1847, y con *Recuerdos de Provincia*, volumen aparecido también de 1850, *Argirópolis* sigue siendo un título poco visitado y poco estudiado. El escaso interés puede deberse a la dificultad de asignarle un género literario preciso. Problema que, si bien agudo en este caso, ha sido también una constante de la crítica, titubeante ante el dilema de, por un lado, desear clasificar la producción sarmentina según una división de géneros, al tiempo que, por otro lado, constata la irresuelta hibridez de géneros de la mayoría de su producción. Si, como ha propuesto González Echevarría, en *Facundo* se enlazan historiografía con biografía, epopeya con confesión, diatriba con ensayo, *Argirópolis* propone una amalgama «menor» en tanto combina el género utópico y el panfleto político. Mientras la voluntad crítica y analítica de un presente vivido como adverso —aquí, como en otros textos, personalizado en su opuesto, Rosas, encarnación del mal político y gran transgresor de un orden necesario—, su pertenencia al género utópico parece ser mucho más discutible y, de hecho, discutido.

Partiendo de un ataque frontal a la catastrófica situación de la Argentina de mediados del Siglo XIX, en la que un estado de acefalía política se extendía más allá de lo que en 1827 y de la mano del Gobernador de Buenos Aires, Manuel Dorrego, parecía haber sido tan necesario como transitorio, Sarmiento insiste en la urgencia de crear un Congreso.

Los gobiernos confederados no pueden, legítimamente, prescindir de la convocación de un congreso, ni estipular ellos de una manera irrevocable, por la sencilla razón de que no puede sin monstruosidad chocante simularse un congreso de gobernadores para constituir una nación, porque sería seguro que estipularían acuerdos en su propio beneficio y conservación.

Con inusitada vehemencia el autor vuelve una y otra vez, en los dos primeros capítulos, a la provisoriedad del poder dado en 1827 a Buenos Aires, y a la «anomalía monstruosa» que supone una república federal sin congreso. A esto se unen las desavenencias con las otras provincias del Río de la Plata, con Paraguay y, finalmente, con Uruguay, derivadas directa o indirectamente de la ineficaz gestión de los políticos del momento. La solución podría estar en «reconocer la autoridad de un congreso general, compuesto de orientales y argentinos, para arreglar en común los intereses de los Estados del Plata». Leyes equitativas, intercambio económico equilibrado, cese de las luchas fratricidas y protección frente a posibles injerencias extranjeras conforman un estado de fraternidad que acompañaría a esta nueva unión. El precio a pagar será «una transacción» en la que cada uno de los integrantes deberá dejar de lado «el grito de las pasiones», rechazando además aquella propensión latinoamericana «a descomponerse en pequeñas fracciones, solicitadas por una anárquica e irreflexiva aspiración a una independencia ruinosa, oscura, sin representación en la escala de las naciones». Solo así, augura Sarmiento en una visión de comunidad que mucho tiene de premonición de los actuales Mercosur, Unasur, ALBA, ALCA o CARICOM, la región de la Plata dejará de ser «la fábula del mundo, y un caos de confusión y de desastres». Según el proyecto salmantino la capital de dicho estado de estados estará situada en la isla Martín García, ocupada entonces por Francia, y estratégicamente ubicada en la encrucijada del río Uruguay y el río de la Plata. Siguiendo un concepto de lo sociopolítico precondicionado por la geografía, idea por demás bastante generalizada entre el XVII y el XIX y asociada primeramente a Kant, Hegel, Michelet o Montesquieu, Martín García es, por su insularidad, su exterioridad a todos las partes del Estado de la Plata, y su situación geográfica, el lugar ideal para el nuevo Estado de la Plata.

Por la detallada organización de edificios e instituciones políticas y sociales las descripciones y estipulaciones correspondientes a la ciudad de *Argirópolis* remiten al lector a las *Instrucciones* dadas a Pedrarias Dávila por parte del rey Fernando para las fundaciones sucesivas de ciudades en el Nuevo Mundo, así como a sus posteriores revisiones y ampliaciones en la *Recopilación de Leyes de los Reynos de las Indias* de 1573 y las *Ordenanzas* luego de creado el Consejo de Indias a finales del XVI. De hecho, una de las críticas más fuertes al proyecto de Sarmiento fue su supuesto interés en refundar el territorio del Cono Sur a semejanza del antiguo Virreinato del Río de la Plata. La cercanía a las *Instrucciones* y ordenanzas revelan además ciertos mecanismos de aprehensión de la realidad: a saber, el rechazo de un estado de cosas real acompañado de su sustitución a través de un proyecto futuro. El texto sarmentino funge así como resistencia a un presente al absolutizarlo y simplificarlo en aras de integrarlo a una inamovible dicotomía del bien versus el mal, que a su vez autoriza, ubicándolo en el polo apuesto, el proyecto de solución. De este modo *Argirópolis* oscila entre lo real y lo imaginado, creando un puente a través del cual se legitiman tanto la incuestionable superación de un presente, como la anticipación de un futuro, al menos en apariencias, realizable. Siquiera como negación, esa realidad reaparece contundentemente en el texto y recobra vida gracias al poder performativo del lenguaje. Sin embargo, ese revivir persigue el único objetivo de una aniquilación a los ojos del lector. El eje temporal resultante expone el presente como vacío escoltado por un futuro, tan prometedor como ausente.

Indiscutiblemente, esta coexistencia suscita la reflexión acerca de la pertenencia de este texto al género utópico, una de las problemáticas más discutidas por la crítica (Aínsa, Cerutti, Rodríguez Pérsico, Amaro). *La Utopía* de Tomas Moro (1516), convertida a estas alturas en modelo de todo texto utópico, funciona en el libro de Sarmiento como imagen especular sobre la que se proyecta la ciudad *Argirópolis*. También las crónicas coloniales y su obsesión por el descubrimiento y dominio de territorios arcádicos sirven de bajo continuo sobre el que Sarmiento erige su proyecto y tiene como efecto adicional, convertir a los territorios de ese Estado de la Plata en un territorio virgen, en una tierra nonata. Sin embargo, ese presente concreto, con sus personajes «reales» y sus referencias a la realidad política y social del Cono Sur a principios y mediados del siglo XIX separa el texto sarmentino de los paradigmas del género utópico. Años después, en *Campaña en el Ejército Grande* (1958) el mismo Sarmiento advertiría, minimizando su influencia, la presencia del género utópico en su texto.

En *La reconstrucción de la Utopía* Fernando Aínsa reflexiona acerca de las variantes utópicas en la producción latinoamericana —analizando detalladamente «el modelos *Argirópolis»*— y propone hablar más que de un género, de una «pulsión utópica» en la que dichos textos aparentemente utópicos se concretizan para, de este modo, presentarse como solución a un problema real, mientras que «la ensayística histórica aparece en general como utopizante». Dentro de este lógica *Argirópolis* es para Aínsa «una utopía contextualizada en la Argentina de 1850, insertada orgánicamente en el contexto de una producción cuya reflexión histórica está tenida por permanentes alusiones utópicas» (164).

Si bien la relación con el género utópico ha sido, como advertía antes, el tenor general de la crítica, *Argirópolis* invita al lector a otras lecturas, a otros derroteros. Entre ellos, la presencia y función de la educación dentro del texto, la idea de un Estado de la Plata como contraposición y correlato de los Estados Unidos, cuya función modélica dentro del texto sarmentino se desprende de sus viajes por el Norte en la década de los cuarenta. Igualmente sugerente puede ser una lectura desde una perspectiva que interrogue la relación entre lo geográfico (la pampa, el río, la localización espacial) y lo político, o la continuación de la conocida contraposición civilización versus barbarie. Es precisamente en esta apertura sígnica que más allá de todas las oposiciones irreconciliables esenciales en el texto convoca al lector a volver a él y rescribirlo una y otra vez, donde radica el gran poder de *Argirópolis*, un texto localizado en un pasado que logra lanzar —incluso a despecho de su pulsión utópica— una tenue luz hacia nuestro presente.

Bibliografía

Aínsa, Fernando: *La reconstrucción de la Utopía*. Buenos Aires: Del Sol, 1999.

Aínsa, Fernando: «*Argirópolis*, raíces históricas de una utopía», en Rev. Río de la Plata 8, 1989. Págs. 69-85.

Alberdi, Juan Bautista: *Bases y punto de partida para la organización política de la República Argentina*. Barcelona: Linkgua, 2008.

Amaro Castro, Lorena: «La América reinventada», en *Espéculo, Revista de Estudios Literarios*, Universidad Complutense de Madrid, 2003.

Ardao, Arturo: *Las ciudad utópicas de Miranda, Bolivar y Sarmiento*. Caracas: Equinoccio, 1983.

Caride, Horacio: *Visiones del suburbio, Utopía y realidad en los alrededores de Buenos Aires, durante el siglo XIX y principios del XX*. Universidad Nacional de General Sarmiento.

Cerutti Guldberg, Horacio: «El utopismo del siglo XIX. Aproximación a dos exponentes del género utópico gestados en el seno de la ideología liberal», en *El pensamiento latinoamericano en el siglo XIX*. México: Instituto Panamericano de Geografía e Historia, 1986.

Ferrari, Gustavo: *Introducción a Argirópolis*. Buenos Aires: Eudeba, 1968.

Gálvez, Manuel: *Vida de Sarmiento. El hombre de autoridad*. Buenos Aires: Tor, 1960.

Giardinelli, Mempo: «Hacia la capital de la utopía», en *La razón*. Buenos Aires, 13. Octubre 1986.

Gárate, Miriam: «*Argirópolis*, canudos y las Favelas. Un ensayo de lectura comparada», en *Revista hispanoamericana* 81, 1997. Págs. 621-630.

Gómez Martínez, José Luis: *Sarmiento y el desarraigo iberoamericano: reflexiones ante una actitud*. Salamanca: Universidad de Salamanca, 1990.

Gutiérrez, Ramon: *Utopías americanas*. Prólogo. Re. SUMMARIO, 1990.

Marín, Louis: *Tesis sobre la Ideología y la Utopía, Criterios*. Habana: Cuba, No.52, 7/12/94

Moro, Tomás: *Utopía*. Madrid: Tecnos, 1996.

Rodríguez Pérsico, Adriana: «*Argirópolis*. Un modelo de país», en *Revista*

Iberoamericana 143, 1988. Págs. 513-523.

Pickenhayn, Jorge Amancio: «Trama geográfica en las utopías de Sarmiento», en *Scripta Nova. Revista electrónica de geografía y ciencias sociales* 4, 2000. Págs. 55-78.

Roig, Arturo Andrés: *El pensamiento latinoamericano y su aventura*. Tomos I y II. Buenos Aires: CEAL. 1994.

Rojas, Ricardo: *El pensamiento vivo de Sarmiento*. Buenos Aires: Losada, 1983.

Scott, Laura Alice: *Argirópolis en el contexto de la literatura utópica*. Georgia: UGP, 1992.

Villavivencio, Susana: «*Argirópolis*. Territorio, república y utopía en la fundación de la nación», en *Revista Pilquen* 12, 2010. Págs. 1-9.

Volek, Emil: «From Argiropolis to Macondo: Latin American Intellectuals and the Tasks of Modernization.» En *Latin American Issues and Challenges*. 2009. Págs. 49—79.

Yurkievich, Saúl (coordinador): *Identidad cultural de Iberoamérica en su literatura*, Alhambra, España, 2002.

Introducción

¿Cuántos años dura la guerra que desola las márgenes del Plata? ¿Cuánta sangre y cuántos millones ha costado ya y cuántos ha de costar aún? ¿Quiénes derraman esa sangre, y cuya es la fortuna que se malgasta? ¿Quién tiene interés en la prolongación de la guerra? ¿Por qué se pelean y entre quiénes? ¿Quién, en fin, puede prever el desenlace de tantas complicaciones? ¿No hay medio al alcance del hombre para conciliar los diversos intereses que se chocan? El presente opúsculo ha sido escrito con la mente de sugerir, por el estudio de los antecedentes de la lucha, la geografía del país y las instituciones argentinas, un medio de pacificación que a la vez ponga término a los males presentes y ciegue en su fuente la causa de nuevas complicaciones, dejando definitivamente constituidos aquellos países. Este criterio se dirige a los gobiernos confederados de las provincias argentinas, al jefe de las fuerzas que sitian a Montevideo y al agente de la Francia, que sostiene la defensa de la plaza creyendo interesada la suerte de sus nacionales en el desenlace de la lucha. Todos estos y el gobierno del Paraguay son personajes obligados de aquel sangriento drama. Los pueblos argentino y oriental, bajo la presión del azote de la guerra y los poderes absolutos e irresponsables con que han armado a sus gobiernos para ponerlos a la altura de las dificultades con que luchan, los pueblos, decíamos, no tienen un carácter activo en los sucesos. Sufren, pagan y esperan. Ningún sentimiento de hostilidad abrigan estas páginas, que tienen por base el derecho escrito que resulta de los tratados, convenciones y pactos celebrados entre los gobiernos federales de la República o Confederación Argentina. Las medidas que proponemos son, a más de legítimas y perfectamente legales, conformes al derecho federal que sirve de base a todos los poderes actuales de la Confederación. Tienen su apoyo en el interés de todos los actores en la lucha, se fundan en la constitución geográfica del país, y lo que apenas podría esperarse, dejan a cada uno en el puesto que ocupa, a los pueblos libres sin subversión, la guerra concluida sin derrota, y el porvenir asegurado sin nuevos sacrificios. Terminar la guerra, constituir el país, acabar con las animosidades, conciliar intereses de suyo divergentes, conservar las autoridades actuales, echar las bases del desarrollo de la riqueza y dar a cada provincia y a cada Estado comprometido lo que le pertenece, ¿no son, por ventura, demasiados bienes para tratar con ligereza el medio que se propone para obtenerlos? La Francia esta en primera línea entre los Estados comprometidos en esta cuestión. Sus rentas sostienen a Montevideo, sus armas ocupan a Martín García. Su decisión, pues, ejerce una inevitable influencia en los destinos próximos y futuros de la lucha; pero la dignidad de nación tan grande mezclada por accidente en cuestiones de chiquillos, le impone el deber de dar una solución a la altura de su poder y de la posición que ocupa entre las naciones civilizadas. La cuestión del Río de la Plata es para la Europa entera de un interés permanente. La emigración europea empieza a aglomerarse en aquellas playas; y las complicaciones que su presencia ha hecho nacer en Montevideo se reproducirán en adelante con más energía, en razón del aumento creciente de la emigración. Hoy hay cien mil europeos en el Río de la Plata; dentro de cinco años habrá un millón. Los pueblos, como los hombres, se atraen y se buscan por afinidades de religión, de costumbres, de clima, de idiomas y de todo lo que constituye el tinte especial de una civilización. Predomina en el Río de la Plata la emigración francesa, española, italiana; esto es, predomina la emigración católica romana, meridional de la Europa, hacia los climas y países católicos romanos, meridionales del nuevo mundo. La Francia es la nación que por su influjo, su poder y sus instituciones representa en la tierra la civilización católica y artística del Mediodía. La Francia ha hecho bien de quedarse hasta el desenlace en el punto que su posición le asigna en el Río de la Plata, punto adonde propenden instintivamente los pueblos meridionales de Europa a reproducir su civilización, sus instituciones y sus artes. La Inglaterra, el protestantismo, la industria sajona, han encontrado en la América del Norte un pueblo digno de representarlos en los destinos futuros del mundo. ¿Hay en Sudamérica terreno preparado para igual producción de la civilización católica? ¡Piénselo bien la Francia! ¡Piénselo bien M. Leprédour! Estamos ya cansados en América de esperar que los grandes de la tierra dejen de obrar cual pigmeos. Después de la Francia, quienes más pueden hacer por la realización de la pacífica idea que emitimos son los gobiernos federales e independientes del litoral de los ríos que forman el Plata. La cuestión es de vida o muerte para ellos. Martín García, vuelto a poder del gobierno de Buenos Aires y un vapor de guerra paseándose por las aguas del Paraná, el silencio, la sumisión, reinarán en ambas orillas. ¡Adiós arreglo de la navegación de los ríos, tantas veces solicitado por los gobiernos federales de Santa Fe, Corrientes y Entre Ríos, y otras tantas mañosamente diferido a la decisión de un congreso, que ha puesto el mayor arte en hacerlo olvidar; adiós, federación; adiós, igualdad entre las provincias! El gobierno de Buenos Aires tendrá bajo su pie a los pueblos del interior por la aduana del puerto único, como el carcelero a los presos por la puerta que custodia. Martín García es el cerrojo echado a la entrada de los ríos. ¡Ay de los que quedan dentro, si el gobierno de una provincia logra atarse la llave al cinto! Allí están los destinos futuros del Río de la Plata. El interior, al oeste de la Pampa, se muere de muerte natural; está lejos, muy lejos de la costa, donde el comercio europeo enriquece, y agranda ciudades, puebla desiertos, crea poder y desenvuelve civilización. Toda la vida va a transportarse a los ríos navegables, que son las arterias de los Estados, que llevan a todas partes y difunden a su alrededor movimiento, producción, artefactos; que improvisan en pocos años pueblos, ciudades, riquezas, naves, armas, ideas. Si hay alguien, empero, a quien le interesa mantener por algunos años más en el seno de la nada este porvenir asignado a las provincias litorales, muy bisoño andaría si lo dejase nacer. El gobernador de Entre Ríos ha sido unitario y es hoy sincero federal. Su nombre es la gloria más alta de la Confederación. Jefe de un ejército que siempre ha vencido, gobernador de una provincia donde la prensa se ha elevado, donde el Estado ha organizado la instrucción primaria, las provincias de la Confederación y los argentinos, separados de la familia común, ¿volverán en vano sus ojos a ese lado, esperando que de allí salga la palabra congreso, que puede allanar tantas dificultades? Pero en la historia, como en la vida, hay minutos de que dependen los más grandes acontecimientos. La Francia entregará la isla de Martín García al encargado de las Relaciones Exteriores: nada más justo. ¿Y después? Después la historia olvidará que era gobernador de Entre Ríos un cierto general que dio batallas y murió de nulidad, oscuro y oscurecido por la posición de su pobre provincia. Nosotros hemos debido indicarlo todo, apuntar los medios y señalar el fin. Entran en los primeros los hombres que deben y pueden ponerlos en ejercicio, sin faltar a su deber, sin salir de los límites del derecho natural y escrito. No se rompe bruscamente con los antecedentes, como no se improvisan hombres. El general Urquiza es el segundo jefe expectable de la Confederación Argentina; él la ha hecho triunfar de sus enemigos por las armas. A él, como gobernador de Entre Ríos, le interesa vivamente la cuestión de que vamos a ocuparnos. ¿Será él el único hombre que habiendo sabido elevarse por su energía y talento, llegado a cierta altura no ha alcanzado a medir el nuevo horizonte sometido a sus miradas, ni comprender que cada situación tiene sus deberes, que cada escalón de la vida conduce a otro más alto? La historia, por desgracia, está llena de ejemplos, y de esta pasta está amasada la generalidad de los hombres. Por lo que a nosotros respecta, hemos cumplido con el deber, acaso por la última vez, que nos impone la sangre argentina que corre por nuestras venas. Si no hemos servido con nuestras ideas a la patria común, nuestro deseo de conseguirlo es vehemente por lo menos.

Capítulo I. Origen y condiciones del encargo de las relaciones exteriores hecho al gobierno de Buenos Aires por las provincias de la República Argentina

En todos los asuntos que dividen la opinión de los hombres conviene, antes de entrar en discusión, fijar el sentido e importancia que se da a las palabras; sucediendo con esto no pocas veces encontrarse que estaban de acuerdo en el fondo, los que un momento antes no podían entenderse. Esta práctica, aconsejada por la prudencia en asuntos ordinarios, debe ser escrupulosamente aplicada a la discusión de la más grave cuestión que haya hasta hoy llamado la atención de la América, cual es la que se debate actualmente por las armas y la diplomacia, con la sangre y la fortuna de los pueblos del Río de la Plata. Montevideo, el Paraguay, la navegación de los ríos, el encargado de las Relaciones Exteriores, ningún hombre de éstos pasará por nuestra pluma sin que hayamos consultado sus antecedentes, compulsado la historia y dádoles su verdadera importancia, de manera que si no logran universal aceptación, las consecuencias que habremos de deducir de los hechos que vamos a estudiar, los principios y las causas de que emanan quedarán por lo menos fuera de controversia, para servir de base a otras conclusiones contrarias emanadas de juicio más recto que el nuestro. Por otra parte, es nuestro ánimo decidido poner en este examen la más severa imparcialidad, a fin de alejar toda prevención de espíritu, aun de parte de aquellos que menos dispuestos se sientan a participar de nuestras opiniones. Como el actor más conspicuo de la larga y ruidosa cuestión del Plata es el encargado de las Relaciones Exteriores de la Confederación Argentina, hemos debido antes de todo averiguar de dónde emanó este cargo, su objeto y funciones, sin lo cual nos expondríamos a extraviarnos en la apreciación de los hechos, por no conocer la importancia y el carácter de los personajes a quienes está encomendada su dirección.

Durante los primeros años de la lucha de la independencia, como las Provincias Unidas no estaban reconocidas por las naciones extranjeras, nuestras relaciones exteriores eran insignificantes y poco ostensibles. La presidencia de don Bernardino Rivadavia atrajo a Buenos Aires los agentes caracterizados de algunas naciones europeas, entre ellas la Inglaterra, que acreditó cerca de él a un agente de rango superior, como a potencia solo inferior en jerarquía a tres o cuatro grandes gabinetes europeos. Con la disolución del congreso y la renuncia del presidente de la República, la nación quedaba en estado de acefalía, no habiendo una autoridad emanada de la voluntad y elección de las diversas provincias que la forman, cerca de la cual los agentes diplomáticos pudiesen representar a sus respectivos gobiernos. De aquí vino la necesidad, mientras la república se constituía, de encargar a alguno de los gobiernos del mantenimiento de las relaciones exteriores. El coronel Dorrego, entonces gobernador de Buenos Aires, solicitó este encargo de los gobiernos de las provincias, los cuales lo concedieron ya directamente, ya por delegados, ya, en fin, por ley sancionada por las legislaturas. Del contexto e ilación de los diversos artículos de aquellas convenciones con que se hacía el encargo de las relaciones exteriores al gobierno de Buenos Aires, que lo solicitaba, el cual no era otro que parar los inconvenientes del momento, mientras se reunía un cuerpo deliberante, fuese congreso o convención preliminar, a lo cual debía procederse inmediatamente, anticipándose el gobierno de Buenos Aires, hasta señalar en dichas estipulaciones el lugar que creía adecuado para la próxima reunión del Congreso. En la convención celebrada por don Manuel Moreno, a nombre del gobierno de Buenos Aires, con el de Córdoba, se acordó por el artículo

VII que «los gobiernos de Buenos Aires y de Córdoba convenían en invitar por sí, con previo acuerdo del de Santa Fe, a las demás provincias de la república a la reunión de un congreso nacional para organizarla y constituirla...», y por el artículo VIII se estipulaba que «interín se instala constitucionalmente el gobierno general de la república, el de la provincia de Córdoba autoriza por su parte al de Buenos Aires para dirigir las relaciones exteriores y se compromete a solicitar la autorización de los gobiernos con quienes no esté en disidencia». El artículo XV de la convención celebrada en Santa Fe y Buenos Aires, por el enviado ad hoc, don Tomás Guido, dice: «Los gobiernos de Buenos Aires y Santa Fe convienen en invitar a las demás provincias de la república a la convención y reunión de un congreso nacional para organizarla y constituirla.» Por el artículo XVI el gobierno de Santa Fe autoriza al de Buenos Aires «para dirigir las relaciones exteriores con los Estados europeos y americanos, y se compromete a recabar el accesit de las provincias de Corrientes y Entre Ríos».[1] Por el tratado celebrado el 4 de enero de 1831 entre Buenos Aires, Santa Fe y Entre Ríos, y ratificado por el general Balcarce en Buenos Aires en 10 de enero, las partes contratantes estipularon: «Invitar a todas las demás provincias de la República a reunirse en federación con las tres litorales, y a que por medio de un congreso general federativo se arregle la administración general del país bajo el sistema federal, su comercio interior y exterior, su navegación, el cobro y distribución de las rentas generales, consultando del mejor modo posible la seguridad y engrandecimiento de la República, su crédito interior y exterior, y la soberanía y libertad de cada una de las provincias.» Pero donde más aparente se hace esta

---

1 Convención firmada en Buenos Aires el 18 de octubre de 1827 entre Tomás Guido y Domingo Cullen, y ratificada por el general Viamont y don Estanislao López.

condición de la próxima e inmediata reunión de un congreso general, es en la nota que pasó el gobierno de San Juan, don Juan de la Cruz Vargas, instruyéndole del objeto de la misión que le había confiado cerca de él el coronel Dorrego, gobernador entonces de Buenos Aires, quien lo acreditó en decreto de 1.º de septiembre de 1827.

«En la naturaleza misma de las cosas —dice el señor Vargas—[2] está el que la República conozca su centro de unidad mientras no se constituye, y la persona en quien delegaren las autoridades provinciales, pueda expedirse desde luego en los dos ramos de la guerra y relaciones extranjeras; al arbitrio de las autoridades provinciales les es dado la elección de la persona que, nacional, pero provisoriamente, se encargue de estos ramos hasta la reunión de un cuerpo nacional deliberante. Y si una vez puede tener la jactancia el que suscribe de abrir opinión sobre la persona que es indicada, se atreverá a señalar la del excelentísimo gobernador de la provincia de Buenos Aires. «Porque, en primer lugar, tiene a la vista el mando del ejército que se halla en campaña (el del Brasil), la escuadra nacional, o mejor dicho, los restos de uno y otro; en lo segundo, por lo que hace a relaciones exteriores, allí existen los ministros o agentes diplomáticos de las potencias que tienen relaciones de amistad con nuestra República; en tercero, porque así se han pronunciado algunas provincias, entre ellas novísimamente la de Mendoza por su ley de 30 de septiembre que acaba de pasar, y finalmente, porque se encuentra una garantía en su persona (Dorrego) contra el peligro de una «usurpación abusiva» del mando, por cuanto ha dado una prueba nada equívoca en favor de la autoridad de los pueblos, poniéndose al nivel de ellos, según se expresa en su circular, y lo ha marcado con los primeros pasos de su

2   Registro oficial de la provincia de San Juan, libro 2, número 24, pág. 1, noviembre de 1887.

gobierno, y según finalmente lo ha comprobado eficaz e impertérritamente a la cabeza de la oposición que derrocó (con influjo y esfuerzo de las provincias) aquellas autoridades que abusaron de la sinceridad y confianza de los pueblos.[3] Las provincias podrán libremente designarles las bases que quieran bajo el supuesto de que si el gobierno de Buenos Aires se presta a encargarse de los enunciados ramos, solo será en fuerza de su patriotismo y por rendir un servicio importante a la causa pública, pues sin disputa se halla en mejor proporción y aptitud, que los demás gobiernos para prestarla.

»En seguida de esto, y por no continuar en la acefalía en que nos observamos, debemos no perder momento en concurrir a la formación.

Alude al gobierno de Rivadavia y al Congreso de 1828, que declaró a Buenos Aires capital de la República bajo el sistema unitario de un cuerpo deliberante, sea congreso o convención preliminar a él, debiendo asegurar el que suscribe que sería preferente la decisión por una convención desde luego, más bien que un congreso constituyente, en razón de que pudiéndose reunir con más brevedad la convención que el congreso, aquélla le dará a éste bases fijas sobre que pueda expedirse con más acierto, en puntos determinados y fijos, evitando así las oscilaciones, los errores y, si se quiere, los extravíos o aberraciones que se han observado en los precedentes, cuanto porque al parecer se pronuncian las más de las provincias, pudiendo asegurar el que habla estar por ella las otras dos tan hermanablemente unidas a la de San Juan, en que primero abrió su decisión.[4]

»Y como al decidirse esta provincia por la reunión de ese cuerpo deliberante, ya sea convención o congreso, parece re-

---

3   Se refiere al Gobierno de Rivadavia y al Congreso de 1828, que declaró a Buenos Aires capital de la República bajo el sistema unitario.
4   Mendoza y San Luis.

gular señalarle el lugar, siendo aconsejado el que suscribe indicar el de San Lorenzo o el de Santa Fe, ha podido hacer inclinar a las dos provincias en que ha tocado, por el punto de San Lorenzo.»

«Sería un abundar si el enviado que habla se detuviese en persuadir a S. E. el señor gobernador, a la legislatura de la provincia, y a toda ella, que la disposición de la de Buenos Aires es la de no separarse un punto de la voluntad y opinión general, nivelando su conducta con la de toda la República, respetando religiosamente lo que se sancionare por mayoría de los pueblos que la integran, y que está pronta a dar todas las pruebas de franqueza y confraternidad que sean necesarias para convencer que en sus consejos no entran ideas interesadas ni mezquinas, y que el bien general, el honor y la dignidad de la República es el punto céntrico, siendo de ello una prueba dada el haberse puesto a la par de todas las provincias, tratándolas de igual a igual, así como el digno jefe que la preside tiene adoptada la misma marcha con respecto a los excelentísimos gobiernos de toda la nación, cuya conducta se manifiesta sin asomos de reserva en el lenguaje de la mencionada circular de 20 de agosto...» Mendoza y San Luís.

En virtud de esta declaración de principios hecha de una manera tan solemne por el enviado de Buenos Aires, la junta provincial de San Juan declaró en sesión del 20 de octubre del mismo año, lo que sigue: «Artículo 1.º La provincia de San Juan autoriza al gobernador y capitán general de la provincia de Buenos Aires para los negocios de guerra y relaciones extranjeras hacía la reunión del Congreso Nacional. «Art. 2.º La provincia de San Juan autoriza igualmente al gobernador de Buenos Aires para formar amistad, alianza ofensiva y defensiva con todas las repúblicas del continente americano, y recabar la cooperación a la guerra, contra el emperador del Brasil, etcétera. Y como si la junta de representantes de aquella provincia temiese que el encargo de las relaciones exteriores que hacía al gobierno de Buenos Aires alejase la reunión próxima del congreso, que debía ponerle término en la misma sesión en que concedía el encargo provisorio, y con la misma fecha, sancionó con fuerza de ley lo que sigue: «Artículo 1.º La provincia de San Juan declara que no es su voluntad que la nación subsista inconstituida. «Art. 2.º En su virtud, se decide por la formación de una convención o congreso general que reorganice la nación y la constituya bajo de un gobierno representativo, republicano, federal. «Art. 3.º La constitución que dé a la República el congreso general será revisada y sancionada por la provincia.» El encargo provisorio de las relaciones exteriores de tal manera depende del arbitrio de los gobiernos de las provincias, que cada vez que en Buenos Aires había cambio de gobernador, se ha renovado con las mismas condiciones con que fue otorgado la primera vez. Por la ley de la Sala de Representantes de la provincia de San Juan, de 8 de agosto de 1836, se sancionó lo que sigue: «Artículo 1.º La provincia de San Juan renueva la ley de 20 de octubre de 1827, autorizando al Excelentísimo señor gobernador de la provincia de Buenos Aires, don Juan Manuel de Rosas, para entender en los asuntos nacionales de guerra y relaciones exteriores, hasta que se dé la Constitución que ha de regir la República, y para formar alianza ofensiva y defensiva con las demás repúblicas americanas.»[5] A continuación de esta ley está reproducido el tratado cuadrilátero, y la de 1833, que constituyó a San Juan parte integrante de la liga, con la intención manifiesta de recordar al encargado que, en virtud del pacto federal vigente, se reservaba el derecho de revocar tal encargo, invitar a la re-

5   Registro oficial de la provincia de San Juan. 1836, número 1, libro 1.º

unión del congreso todos los derechos que emanan de dicho tratado que en su artículo 1.°,[6] declara en «su vigor y fuerza los tratados anteriores celebrados entre los mismos gobiernos». Así tenemos, pues, en esta provincia, mientras fue regida constitucionalmente: 1.° Los motivos, espíritu y límites del encargo en la nota del enviado Vargas, que motivó la ley de 20 de octubre concediendo al gobierno de Buenos Aires el encargo provisorio mientras se convoca el congreso prometido. 2.° Una ley de la misma fecha, mostrando la mente de la legislatura de no conceder tal encargo sino hasta la inmediata invocación. 3.° Renovación del encargo en la persona del señor Rosas, por ley de 1836, mientras se reúne el congreso, y 4.° Reproducción a continuación del tratado cuadrilátero y de su aceptación, para hacer constar los derechos del gobierno de la provincia a invitar al congreso y retirar el encargo. Tal es el derecho público escrito que rige no solo el encargo de las relaciones exteriores, sino también la iniciativa en la convocación del Congreso Nacional. El tratado cuadrilátero celebrado entre las provincias del litoral de los ríos en 25 de enero de 1822, corroborado por el tratado del 4 de enero de 1831, a que han adherido todas las provincias confederadas, establece como una de las funciones de la comisión que ha de representar permanentemente en Santa Fe a cada una de las partes contratantes.

6   San Juan, febrero 25 de 1833. La Honorable Sala de Representantes de la provincia, en uso de la soberanía que inviste, ha acordado con valor y fuerza de ley lo siguiente: Art. 1.° La provincia de San Juan se une a la liga de las provincias litorales y se compromete del modo más solemne al cumplimiento de los artículos que comprende el tratado definitivo de alianza ofensiva y defensiva de 4 de enero de 1831, celebrado en Santa Fe. Art. 2.° El Poder Ejecutivo de la provincia hará saber oficialmente esta resolución a todas las provincias hermanas confederadas, contestando de este modo a todas las comunicaciones de sus dignos gobiernos a este respecto. Registro Oficial de la provincia de San Juan, número 4, libro 2.°

—«Invitar a todas las demás de la República, cuando estén en plena libertad y tranquilidad, a que por medio de un congreso federativo se arregle la administración del país bajo el sistema federal, su comercio interior y exterior, su navegación, el cobro y distribución de las rentas generales, y el pago de la deuda de la República.» El estatuto provisorio que se dio la provincia de Entre Ríos, en el mismo año 1822 en que firmó el tratado cuadrilátero, da testimonio de este espíritu de dependencia de la convocación del congreso general de las provincias. «La provincia de Entre Ríos, en el de La Plata, se declara y constituye, con la calidad de por ahora, y hasta la sanción y últimas declaraciones de un congreso general de todas, sobre la forma de gobierno, en un formal estado y gobierno representativo, dependiente, bajo las leyes que por estatutos se establecen.»

«2.º Ella es una parte integrante de las Provincias Unidas del Río de la Plata, y forma con todas una sola nación, que se reconocerá bajo aquel dictado, u otro que acuerde el congreso general, a cuyas deliberaciones se sujeta desde ahora, y promete estar y pasar por ellas sin contradicción, así en esto como en todo lo demás que le corresponde.» La guerra civil que desoló la República desde 1829 hasta 1842 estorbó la realización de ese voto unánime y sostenido por todos los pueblos en todas las épocas y en todas las circunstancias. Habría sido de temer, sin duda, que una vez autorizado cualquiera de los gobiernos provisionalmente confederados a ejercer parte de las atribuciones del poder ejecutivo nacional, opusiese resistencia, demoras y obstáculos, con este o el otro pretexto plausible, para retardar la convocación del congreso; pues que ejerciendo provisoriamente el poder nacional, el interés personal del gobernante así autorizado lo induciría a conservarlo todo el tiempo que fuese posible. Pero contra esta usurpación, por desgracia no sin ejemplo en la historia de los pueblos, ha quedado siempre vigente al tenor literal del tratado cuadrilátero, y el derecho primitivo de los pueblos y de sus gobiernos, que les permite hacer cesar lo que es provisorio y pedir el cumplimiento de la condición en virtud de la cual se estipuló la parte del convenio ya cumplido. Los gobiernos confederados no pueden, legítimamente, prescindir de la convocación de un congreso, ni estipular ellos de una manera irrevocable, por la sencilla razón de que no puede sin monstruosidad chocante simularse un congreso de gobernadores para constituir una nación, porque sería seguro que estipularían acuerdos en su propio beneficio y conservación. El congreso tiene por base constitutiva la elección de diputados ad hoc, elegidos por el pueblo a quien van a constituir. Resulta, pues, de la nota pasada al gobierno de San Juan por el comisionado Dorrego gobernador de Buenos Aires, y en cuya virtud se le encargó a él, y después a sus sucesores, la gestión de las relaciones exteriores: 1.º Que es «del arbitrio de las autoridades provinciales» la elección de la persona que nacional, pero provisoriamente, se encargue de los ramos de guerra y relaciones extranjeras hasta la reunión de un cuerpo deliberante. 2.º Que en virtud de ser el encargo provisorio, es revocable por las mismas autoridades provinciales. 3.º Que el gobierno de Buenos Aires, al solicitar por medio de enviados dicho encargo, «ofrecía en su persona una garantía contra el peligro de una usurpación abusiva del mando». 4.º Que al pedir la autorización declaraba que no debía perderse momento para la convocación de un congreso, condición y término de la solicitud. 5.º Y último, que el tratado cuadrilátero, que es ley vigente de la Confederación, a más de dar a cada una de las provincias, establece las atribuciones que son de la competencia exclusiva del congreso, a saber:

Arreglar la administración general del país bajo el sistema federal.

Arreglar su comercio interior y exterior.

Su navegación.

El cobro y distribución de las rentas generales.

El pago de la deuda pública.

Desde 1827, en que se anunció por el gobierno de Buenos Aires la próxima convocación del congreso, y en que las provincias declararon ser su voluntad no permanecer inconstituidas; desde 1831, en que se reservaba cada una la iniciativa de la convocación, hasta 1850, que está para expirar, la palabra congreso parece haber sido abolida de nuestro lenguaje político, y lo que se dio como provisorio y de las circunstancias del momento tomarse por definitivo y normal. Si hay un gobierno a quien el decoro y la dignidad de su posición le imponen el deber de no oponer resistencias a ese antiguo y postergado voto de la nación, es el de Buenos Aires, por temor de que la historia lo culpe de querer confiscar en provecho del simple gobernador de una provincia las facultades que solo puede ejercer la nación; por temor de que se crea que arrancó dolosamente a la sinceridad de los gobiernos de las provincias una concesión condicional, resuelto a no cumplir jamás con la condición expresa en cuya virtud se hacía la concesión. Últimamente el reproche de usurpación de autoridad de que daba garantías la persona de Dorrego, recaería sobre aquel que obteniendo la misma concesión no reconociese lo que Dorrego reconoció para obtenerla, en su circular de 30 de septiembre, en que dio una prueba «nada equívoca en favor de la autoridad de los pueblos», «para convencer que en sus consejos no entran miras mezquinas e interesadas», siendo de ello una prueba dada el haberse puesto (Buenos Aires con la renuncia a la presidencia) a la par de todas las provincias, tratándolas de igual a igual. Si esta perfecta igualdad existe, el cargo de usurpación no tiene lugar. Dadas estas bases, que convención posterior ninguna puede desvirtuar ni invalidar, porque son la ley pública, el derecho nacional natural y escrito del encargo de las relaciones exteriores, séanos permitido entrar en el examen de los acontecimientos posteriores y en los resultados obtenidos por el encargado provisorio. Desde luego salta a la vista que desde 1827, en que se hizo la autorización provisoria, han transcurrido, hasta 1850, veintitrés años, sin que la condición sine qua non de la convocación del indispensable congreso haya tenido lugar; y como en 1850 no se habla ni por incidente de la intención de convocarlo, la razón natural induce a creer que en 1860 aún no se hablará de tal institución. El estado actual provisorio, aconsejado y pedido por el gobierno de Buenos Aires, a condición de convocar un congreso, ¿será la ley definitiva de la nación? ¿La República se ha escogido una capital sin que se sepa el día ni la época en que tuvo lugar tal denominación? ¿Las provincias han renunciado a su derecho, no solo de ser oídas, sino de dar sus órdenes a sus encargados, y reunidas en congreso proveer a las necesidades de todas y cada una de ellas? ¿Por qué anomalía monstruosa sucede que una República representativa federal no tiene congreso, mientras todas las repúblicas americanas lo tienen, y aun los gobiernos despóticos de Austria y de la Prusia han aceptado u otorgado constituciones que reglan el ejercicio de los poderes y aseguran la libre expresión de la voluntad de los gobernados, representados debidamente en asambleas y congresos? Recomendamos estas consideraciones a todos los ciudadanos federales de la República Argentina. Sobre ellos pesa el cumplimiento de sus propias promesas, sobre ellos la decadencia de la República, su atraso en relación con las otras americanas. El tiempo que pasa agrava la situación, cada día el mal se hace irremediable y el estado provisorio que subsiste por veintitrés años puede subsistir indefinidamente, y las provincias quedar en lo sucesivo a merced de los diversos gobernadores de la ciudad de Buenos Aires. La necesidad de la convocación inmediata del congreso que resulta del estudio del derecho, no es menos imperiosa que la que nace del examen de los hechos actuales. ¿Cuál es la situación actual de la República? Nuestras armas sitian a Montevideo hace ocho años. Semejante duración es casi sin ejemplo en la historia de las naciones. Nuestro encargado provisorio de las relaciones exteriores ha creído comprometida la dignidad nacional en restablecer de viva fuerza en la autoridad legal de una nación extraña al general Oribe. Ocho años ha corrido la sangre argentina en una guerra exterior; ocho años hace que la Francia y la Inglaterra han tomado parte en estas disidencias. Ocho años que, a causa de ellas, la Francia tiene en su poder un punto importante de nuestro territorio; y ocho años hace que las rentas de la nación, sus fuerzas, su energía, se agotan y aniquilan en prosecución de aquella empresa. Acaso el derecho está de nuestra parte; pero ¿debemos prolongar para siempre este estado de cosas? ¿No pudiera buscarse un desenlace que dejase bien parado el honor nacional, ahorrándonos para lo sucesivo las calamidades de un estado permanente de guerra y las humillaciones que en las vicisitudes de los acontecimientos humanos están reservadas, no para el injusto, sino para el débil? Si somos fuertes, ¿por qué no hemos podido en ocho años ocupar una ciudad despoblada, consumida por las disensiones y la miseria? Y si somos fuertes, ¿por qué no emplear nuestras fuerzas en constituirnos de manera que todas las partes constituyentes del Estado gocen de las mismas ventajas? ¿Tememos que las potencias extranjeras conquisten nuestro territorio? Pero esto es precisamente el mal a que nos expondríamos negándonos a toda transacción y a todo arreglo que no sea someter a los otros poderes contrincantes a hacer lo que nosotros queremos. El único resultado claro que han dado ocho años de luchas, hasta hoy estériles, es que nuestros ejércitos estén fuera de los límites de la República, y que la Francia retenga en su poder la isla de Martín García, que es la llave del país. Si nuestro honor está comprometido en la lucha, ¿lo está por ventura en reconocer ciegamente como la única conducta buena aquella que sigue el encargado de las relaciones exteriores? ¿Amancilló su honor la orgullosa Inglaterra, desaprobando altamente la conducta de sus encargados en los asuntos del Plata, Mandeville, Purvis, Ousseley? ¿Se ha degradado la Francia desconociendo los actos de Deffaudis, Gross, de Mareuil, Leprédour? Y lo que tan grandes naciones han podido hacer sin mengua para satisfacernos de sus buenas intenciones, ¿no podríamos hacer nosotros ante ellas y el mundo, para que se viese que no era obstinación ciega, ni terquedad irreflexiva, lo que nos impulsa a llevar el mantenimiento de lo que creemos nuestro derecho más allá de los límites que la prudencia y el interés nacional exigen? Lejos de nosotros la idea de exigir una desaprobación de la manera como se ha desempeñado el encargo provisorio de mantener las relaciones exteriores hecho al gobierno de Buenos Aires; pero nada parece más natural que las provincias que lo encargaron, reunidas en congreso, reasuman la comisión, pidan cuenta del encargo, oigan por sí mismas las quejas de las otras potencias, den la razón a quien la tenga y adopten cualquier temperamento que conduzca a conciliar el honor y la gloria de la Confederación con su progreso y sus intereses destruidos por esta guerra sin fin. Un encargado irresponsable corre riesgo de abandonarse en la gestión de los negocios públicos a los ímpetus de su carácter personal, y dar por cuidado de los intereses de la nación, celo por su gloria, lo que acaso no es más que terquedad, orgullo y falta de habilidad y prudencia.

Capítulo II. Las Provincias Unidas del Río de La Plata, el Paraguay y la República del Uruguay

Para darnos idea de la gravedad de los negocios que reclaman imperiosamente la convocación de un congreso general que ponga término a la lucha que por tantos años ensangrienta las márgenes del Río de la Plata, debemos tener en cuenta los diversos poderes interesados en su desenlace, y los altos intereses que deben ser atendidos. No es solo una cuestión de la Confederación Argentina la que se debate, sino la de las Antiguas Provincias Unidas del Río de la Plata, y a más, otra con la Francia, que ha hecho nacer la ingerencia que sus nacionales emigrados a América han tomado en los asuntos de Montevideo. Si las provincias que componen hoy la Confederación Argentina, consultando la paz y esperando desde 1842 un próximo desenlace, han podido abandonar sin trabas la gestión de sus relaciones exteriores a su encargado provisorio, no sería justo exigir a Montevideo y al Paraguay que se sometan a la decisión y a la voluntad de dicho encargado sin que las provincias confederadas traten de buscar por sí mismas y reunidas en congreso un medio de avenimiento y arreglo. La voz pública atribuye al encargado de las relaciones exteriores el secreto designio de reunir el Paraguay y el Uruguay a la Confederación Argentina. Créese que el general Oribe, sometido al gobierno de Buenos Aires de diez años a esta parte, obrando con fuerzas argentinas, no podría, aunque quisiera, en adelante substraerse a la influencia del gobierno de Buenos Aires, que lo habría elevado y lo sostiene en sus pretensiones. Cualquiera que sea la verdad a este respecto, el hecho es que la República del Uruguay ha estado por diez años y permanece complicada en intereses y pasiones de partido con la Confederación Argentina; que su independencia definitiva no ha podido hacerse efectiva en el hecho, estorbándolo la naturaleza de las cosas, los hábitos comunes a ambos pueblos y sus verdaderos intereses.

Apreciando en su justo valor los desastres de que ha sido víctima Montevideo, las ingentes fortunas destruidas, la campaña asolada y los millares de cadáveres que ha costado esta fatal guerra, el observador, entristecido, se pregunta si en el orden actual de cosas, y con una pacificación que no remedie radicalmente los males, podrán Montevideo y Buenos Aires, desligados de todo vínculo político, permanecer largos años en paz sin renovar sus querellas y envolver el país en nuevos desastres. ¿Qué es lo que ha sucedido hasta aquí? El Uruguay dividido en partidos, agitado por las ambiciones de sus caudillos, no ha podido desprenderse de las Provincias Unidas de que fue segregado. La ambición del general Rivera le hizo llamar en su auxilio a los argentinos que por millares estaban aislados en Montevideo; y el general Oribe, para reponerse de su vencimiento, buscó naturalmente el apoyo del gobierno de Buenos Aires. Como se ve, y sin caracterizar ninguno de estos hechos, la fuerza misma de las cosas atraía al Uruguay en sostén de sus bandos políticos nacionales, las influencias y las fuerzas argentinas; y este hecho se repetirá siempre, con iguales consecuencias desastrosas para el Uruguay como para la Confederación Argentina; pues a nadie se oculta que las luchas entre Oribe y Rivera, de que procedió la guerra actual, nos cuestan millares de vidas argentinas, todos los recursos de la nación sacrificados durante diez años al empeño de restablecer a Oribe, y la paralización de nuestro progreso, por la extenuación de las provincias y la falta de recursos para emprender las obras de utilidad pública que faciliten el comercio, como apertura de caminos, canales, navegación por vapor, etc. Que si consideramos al Uruguay en completa paz con la actual Confederación Argentina, los males que es fácil prever no son menores que los que provienen de la guerra. Montevideo y Buenos Aires, situadas a la embocadura del Río de la Plata, recibiendo cada una de primera mano las mercaderías europeas, lucharán cada una de por sí por absorberse el comercio del río, servir de almacén, de depósito a las mercaderías, de centro de intercambio de productos, y por una ruinosa competencia de favores y ventajas ofrecidas al comercio, o promoviendo disturbios en el Estado vecino, trabajarán por arruinarse recíprocamente. Hay quienes creen que la prolongación del sitio de Montevideo por ocho años consecutivos, no obstante la superioridad de las fuerzas sitiadoras y la miseria y la debilidad de los sitiados, tiene en vista arruinar lentamente a Montevideo, en beneficio de Buenos Aires; y si este pensamiento es fundado, puede decirse que el resultado ha ido más allá de lo que una política de destrucción podía prometerse. Sitiados y sitiadores, orientales y argentinos, amigos y enemigos, nacionales y extranjeros, todos han puesto la mano en la ruina del Estado uruguayo. Oribe, para mantener un numeroso ejército, ha diezmado los ganados; sus enemigos han asolado las campañas, la ciudad se ha despoblado, sus edificios y plazas públicas han sido vendidos a vil precio, empeñadas sus rentas, destruido su comercio, y un montón de ruinas reemplazado la pasada prosperidad de Montevideo. Si Oribe penetra en Montevideo, es claro que con él penetra la influencia argentina, en despecho de los odios confesados u ocultos que labran a los orientales. Si la influencia argentina no triunfa, ¿se estará quieto el encargado de las relaciones exteriores, sin estar tramando secretamente nuevas complicaciones al Estado Oriental? La posición del Paraguay con respecto a Buenos Aires no es menos precaria y azarosa. Aquella remota porción del antiguo virreinato de Buenos Aires tuvo para declararse independiente que sacrificar su comercio, su civilización, y entregarse a un tirano sombrío, que, excitando el sentimiento de la independencia y el odio a los argentinos y a los extranjeros, redujo a la esclavitud más espantosa a sus conciudadanos; porque es la práctica de todos los tiranos apoyarse en un sentimiento natural, pero irreflexivo, de los pueblos, para dominarlos. El nombre del doctor Francia solo recuerda hoy todos los excesos, todas las crueldades de un déspota. Muerto el tirano, el Paraguay, después de treinta años de degradación y de miseria, se encuentra en los mismos conflictos con las provincias argentinas, y sin haber avanzado un paso en su imposible conato de ser independiente. Colocado aquel territorio en el interior de la América, a la margen del río de su nombre, tiene cuatrocientas leguas de ríos argentinos para ponerse en contacto con el comercio europeo. Su interposición en el tránsito de los pueblos argentinos lo hacen, además, un obstáculo para el desarrollo de estos últimos. Salta, Tucumán y Jujuy tendrían hoy una vía acuática por el río Bermejo, si el doctor Francia no hubiese aprisionado al benemérito Soria, que emprendió con suceso la navegación de aquel río hasta los confines del Paraguay, donde fue detenido[8]. La Confederación Argentina tiene, pues, un interés real en evitar para lo sucesivo estos tropiezos opuestos a su comercio, como asimismo el Paraguay tiene interés en ligarse con la Confederación Argentina para gozar de igual a igual con Buenos Aires de las ventajas del comercio europeo. Esta dependencia de la Confederación es común a la República del Uruguay, cuya arteria de comercio interior es el Uruguay mismo, con sus tributarios que desembocan arriba de la isla de Martín García, y, por tanto, queda subordinado, como el Paraná, a la legislación que le imponga el Estado poseedor de aquella isla, que sirve de fortificación de la entrada de los ríos. De todas estas consideraciones resulta que la solución que haya de darse a la cuestión del Plata no debe en justicia, y en previsión de males futuros, entregarse a la dirección de un encargado provisorio, a quien puede cegar su propio interés, o el de la provincia confederada que rige. En esta solución final han de consultarse los intereses de cada una de las provincias que forman la Confederación Argentina, los de la República del Uruguay y los del Paraguay, todas y cada una interesadas en hacer un arreglo de sus relaciones comerciales, de la navegación de sus ríos y de su independencia recíproca, sin sacrificar los intereses de todas las provincias al interés de una de ellas, ni el de todos los Estados contrincantes al de uno solo. Este temperamento, a más de aconsejarlo la estricta justicia, lo reclama el estado actual de la lucha. El encargado provisoriamente de las relaciones exteriores, no obstante la energía de los medios empleados, no obstante los inmensos recursos que la Confederación ha puesto en sus manos, no obstante el inaudito poder con que ha sido investido, hasta poner las vidas y las fortunas de los ciudadanos a su disposición, no ha podido en diez años de guerras desastrosas, de negociaciones diplomáticas mil veces anudadas y rotas otras tantas, terminar estas diferencias. Después de diez años, el general Oribe, a quien creyó del deber y del interés de la Confederación Argentina restablecer en el mando, está fuera de Montevideo; y en estos diez años tan calamitosos para la Confederación y para el Estado del Uruguay, no solo Montevideo no ha sido sometido, sino que nuevas complicaciones han surgido. El Paraguay permanece, como en 1812, sin situación política, y lo que es mil veces peor, una potencia extranjera ocupa a título de rehenes un punto importante de la República. El pabellón de Francia flota sobre las fortalezas de Martín García. No maldigamos de la Providencia, que dispone y dirige los acontecimientos humanos. Deploremos nuestros propios extravíos, que han concitado contra nosotros tantos intereses y tantas pasiones; pero antes de entregarnos al desaliento, busquemos el medio de conciliar nuestra dignidad nacional con los intereses de los demás, y sacar del mal mismo de que somos víctimas el remedio que ha de estorbar en lo sucesivo la repetición de iguales calamidades. Acaso la Providencia ha querido favorecernos, poniendo límites forzosos a nuestros deseos desordenados, y ligando de tal manera intereses diversos, que de la solución que las circunstancias del momento exigen resulte la prosperidad de los Estados del Río de la Plata y la libertad de los pueblos que los forman. La República del Uruguay, como la provincia emancipada del Paraguay, repugnan someterse a la antigua dependencia en que antes estuvieron de Buenos Aires. Montevideo no tiene sino motivos de desconfianza y de odio contra su rival de comercio y de posición en el Río de la Plata. El Paraguay y el Uruguay no tienen interés alguno que los ligue a Buenos Aires, que está fuera de sus rutas naturales de comercio. Estos dos Estados no tienen, además, ningún motivo de deferencia por nuestro encargado de las relaciones exteriores, cuyo nombre, cuya política, cuya voluntad, cuyo sistema de gobierno, aparece hace quince años como la expresión legal del nombre, de la política, de la voluntad y del sistema de gobierno de la Confederación Argentina. El gobierno de Montevideo, como el general Oribe mismo, como el del Paraguay, se negarían a entregar sus destinos en las manos de nuestro encargado provisorio de las relaciones exteriores. La ciudad comerciante de Montevideo resistirá ahora y siempre a someterse a su rival, la ciudad comerciante de Buenos Aires. El derecho escrito, por otra parte, de las fracciones del antiguo virreinato de Buenos Aires, separadas más tarde, establece perentoriamente esta independencia. En la convención celebrada el 11 de octubre de 1811, entre las juntas gubernativas de Buenos Aires y del Paraguay, se establece, artículo V, que: «Por consecuencia de la independencia en que queda esta provincia del Paraguay de la de

Buenos Aires, conforme a lo convenido en la citada contestación oficial del 28 de agosto último, tampoco la mencionada Excma. Junta pondrá reparo en el cumplimiento y ejecución de las demás deliberaciones tomadas por esta del Paraguay en junta general, conforme a las declaraciones del presente tratado; y bajo de estos artículos, deseando ambas partes contratantes estrechar más y más los vínculos y empeños que unen y deben unir ambas provincias en una federación y alianza indisoluble, se obliga cada una por la suya, no solo a conservar y cultivar una sincera, sólida y perpetua amistad, sino también a auxiliarse mutua y eficazmente en todo género de auxilios, etc.» No es menos explícita, en punto de independencia de Buenos Aires, la convención preliminar de paz entre el Brasil y la República Argentina que aseguró la independencia de Montevideo, Tit. V: «El gobierno de la República Argentina concuerda en declarar por su parte la independencia de Montevideo y en que se constituya en Estado libre o independiente en la forma declarada en el artículo antecedente (bajo la forma de gobierno que juzgare conveniente a sus intereses, necesidades y recursos).»32 Art. X: «Siendo un deber de los dos gobiernos contratantes auxiliar y proteger a la provincia de Montevideo hasta que ella se constituya plenamente, convienen los mismos gobiernos en que, si antes de jurada la Constitución de la misma provincia y cinco años después la tranquilidad y seguridad fuese perturbada dentro de ella por la guerra civil, prestarán a su gobierno legal el auxilio necesario para mantenerlo y sostenerlo. Pasado el plazo expresado, cesará toda la protección que por este artículo se promete al gobierno legal de la provincia de Montevideo, y la misma quedará en perpetua y absoluta independencia.» Estas cláusulas de la convención preliminar ajustada, necesitan, para su inteligencia y alcance, ser comparadas con las de las redacciones diversas que en el curso de la negociación rechazaron constantemente como inadmisibles los negociadores argentinos, y entre las cuales se encuentra ésta: «Las partes contratantes se obligan a abstenerse, por sí, de toda ingerencia directa o indirecta, y a estorbar de común acuerdo, con todos sus medios, la ingerencia de cualquiera otra potencia europea en la formación de la constitución política y gobierno que los habitantes de dicho Estado juzguen conveniente establecer. Él será regido por autoridad del propio país ejercida por sus naturales; —será asimismo declarado incapaz de ser incorporado a otro país por sumisión, por federación, o de cualquiera otra forma a ningún otro Estado europeo o americano.» Rechazado este artículo, que imponía límites a la independencia y a las futuras formas de gobierno que la provincia de Montevideo quisiese darse, según se lo aconsejasen sus intereses, resulta demostrado que la República del Uruguay, si así fuere su voluntad, puede asociarse en federación a otro Estado, sin traspasar los límites que el espíritu y la letra de la convención preliminar de paz con el Brasil imponía a la independencia por ella asegurada. Ahora preguntaríamos nosotros: Atendida la prolongación de la ruinosa lucha que ha sostenido la República del Uruguay, sin desenlace posible hasta hoy; atendida la inevitable fatalidad de su condición que la liga forzosamente a las luchas políticas de la Confederación Argentina, como lo han demostrado los veinte años de independencia ilusoria de que han gozado, atendida la independencia de la Confederación en la que queda el río Uruguay; bajo el dominio de la isla de Martín García, atendido que esta isla no puede serle entregada porque le quedaría sujeta la navegación del Paraná, que domina conjuntamente atendidos, en fin, los comunes intereses comerciales de ambos Estados que la naturaleza ha ligado inseparablemente, atendidos tan sagrados intereses, nosotros preguntaríamos a los sitiadores y a los sitiados en Montevideo, aquellas dos partes de una nación empeñada ocho años en una lucha fratricida, si hallan dificultad insuperable, invencible para asociarse al Paraguay y a la República Argentina en una federación con el nombre de Estados Unidos de la América de Sur, u otro que borre todo asomo de desigualdad. Preguntamos al general Oribe, que obedece al general argentino Rosas hace diez años, sin reserva, sin contradicción, usando para sus propósitos del poder, de los recursos, de la sangre de los argentinos, si encontraría absurdo, chocante, reconocer la autoridad de un congreso general, compuesto de orientales y argentinos, para arreglar en común los intereses de los Estados del Plata. Preguntamos igualmente a la ciudad de Montevideo, cuya suerte depende de auxilios extranjeros, que de un día a otro puede por la suerte ser entregada a la merced de su enemigo, si en lugar de someterse a su rival Buenos Aires no se encontraría bien servida formando parte de un grande Estado, cuyas leyes fuesen igualmente equitativas para Buenos Aires como para Montevideo, poniendo término al estado provisorio de la Confederación Argentina, que da existencias al poder provisional, pero terrible e ilimitado, de que está investido el encargado de las relaciones exteriores. Nuestro ardiente deseo de ver terminarse una lucha fratricida que tiene escandalizado al mundo, avergonzada a la América, aniquilada la riqueza de Estados que debieran ser florecientes, y aherrojada la libertad de los pueblos que más sacrificios han hecho por dársela, no nos alucina hasta creer que todas las partes interesadas acogerían con ardor la solución que ofrecemos a la situación actual. ¡No! No es así como obran de ordinario los gobiernos ni los partidos. El grito de las pasiones sofoca casi siempre la voz templada de la razón, y el interés personal del ambicioso se antepone de ordinario al interés duradero de la patria. Proponemos una transacción, fundada en la naturaleza de las cosas, y, afortunadamente, Estado alguno de los comprometidos en la lucha es dueño de su voluntad en este momento. El general Oribe depende del encargado de las relaciones exteriores que lo sostienen. El encargado provisorio depende de los gobiernos de las provincias federales que le confiaron el poder de representarlas, y pueden retirárselo. El Paraguay está subordinado a la embocadura de los ríos que le sirven de intermediarios con el comercio europeo. Montevideo depende de los subsidios que la Francia le adelanta para sostenerse. La Confederación Argentina, el Paraguay y la República del Uruguay están, en fin, dependientes de la posesión de la isla Martín García, que es la llave del comercio del Paraguay y del Paraná y, por tanto, de los intereses de Montevideo, Buenos Aires Santa Fe, Corrientes, Entre Ríos, el Paraguay y todas las provincias enteras. No hablemos, pues, de derechos imprescriptibles; no busquemos en una tenaz y culpable obstinación la solución de las dificultades que nos asedian. Tomemos consejos de las circunstancias, y demos a cada uno lo que legítimamente tiene derecho de exigir, sin perjudicar a los demás. Si la violencia ha de emplearse para compeler a una transacción, que sea la que imponga la voluntad del mayor número al menor. Nuestro derecho escrito así lo establece. El gobierno de Buenos Aires, al solicitar de las provincias el encargo provisorio de las relaciones exteriores, prometió solamente «oponerse al nivel de las provincias», «esperar religiosamente lo que sancionase la mayoría de los pueblos que reintegran la República»... «por cuanto ha dado pruebas nada equívocas en favor de la autoridad de los pueblos». Los Estados Unidos de Norte América, tan celosos de sus libertades de Estados confederados, sancionaron, al organizar la Federación, que si las tres cuartas partes de los Estados reconocían la Constitución, éstos compelerían por la fuerza de las armas a los disidentes a conformarse con ella. Las provincias argentina reunidas en congreso, y el Paraguay y los diversos partidos que luchan en las murallas de Montevideo, pueden, pues, compeler con sus armas y el auxilio de la Francia a someterse a la decisión del congreso general, a cualquier gobierno que, abusando de su fuerza y de su posición, se negase por intereses particulares, suyo o de su provincia, a entrar en un arreglo definitivo de este triste estado de cosas, que ha hecho del Río de la Plata la fábula del mundo, y un caos de confusión y de desastres. Lejos de nosotros la idea de querer someter a la República del Uruguay ni al Paraguay a condiciones que no hayan sido libremente discutidas y aceptadas por ellos. Lejos de nosotros la ruinosa idea de querer que Montevideo abdique su rango y sus ventajas comerciales en favor de Buenos Aires, su rival de posición, como tampoco que el Paraguay acepte las condiciones que para su libre comercio quieran imponerle las ciudades ribereñas de los ríos que median entre su territorio y el mar. Por esto es que pedimos la reunión de un congreso general, en que el pacto de unión y federación se establezca bajo tales bases, que todas las partes contratantes encuentren garantías de ser respetadas en sus intereses y libertad política y comercial. En virtud de estos mismos principios, el encargo de las relaciones exteriores debe cesar por la convocación inmediata del congreso, cuya ausencia se propuso suplir por solo algunos meses. Las grandes ciudades de Montevideo, Buenos Aires, ni la Asunción del Paraguay, pueden servir de centro a las concesiones, porque ellas son las que han sostenido y alimentado entre sí la lucha que por tantos años ha devorado la sustancia de los pueblos; y el espíritu de conciliación que debe presidir en este deseado arreglo, como el estudio de los intereses vitales de cada una de las provincias confederales, aconsejan que se remuevan desde ahora todos los motivos de celos, de irritación, y todos los recuerdos desagradables que puedan obstar a la pronta pacificación del Río de la Plata y a la organización definitiva de la Confederación. Lo que no es sino una previsión natural con respecto a la influencia de aquellas ciudades, se convierte en un hecho, cuando se aplica al encargado de las relaciones exteriores, quien, cualquiera que sea el patriotismo que le atribuyamos, sus antecedentes, su posición, le obligan a seguir fatalmente en adelante la misma línea de conducta que ha seguido en diez años. Por otra parte, el encargado provisorio, debiendo concluir en su encargo en el momento que se nombra y reúna el congreso, su interés personal, cualesquiera que sus virtudes sean, le inducirá a oponer obstáculo a la cesación del poder que inviste, pues aunque provisorio, es tan extenso e ilimitado, como no sería si fuese duradero y regular. En 1833 el general Quiroga exigió la convocación del congreso, retardada desde 1829 por nuestras disensiones; y no obstante que entonces la República gozaba de completa paz interior y la opinión federal había triunfado en el gobierno de todas las provincias, el de Buenos Aires encontró y expuso razones más o menos plausibles para oponerse a la deseada convocación, con el fin, es preciso no disimulárselo, de perpetuar el encargo de las relaciones exteriores de que estaba en posesión y de que podría exonerarlo el congreso. El voto, pues, del gobernador de Buenos Aires contra la inmediata convocación del congreso sería, no nos cansaremos de repetirlo, sospechoso de intentar la usurpación del poder, contra la cual protestaba el coronel Dorrego al solicitar el dicho encargo.

Capítulo III. La capital de los Estados Unidos del Río de La Plata

Hay un hecho notable en la historia de la República y de la Confederación Argentina, y es que nunca ha reconocido una capital, y que el partido federal se opuso a la constitución unitaria de 1826, porque Buenos Aires era designada como centro de los poderes políticos que dicha constitución creaba. Los enviados del coronel Dorrego a las provincias, inmediatamente después de la disolución del Congreso de 1826 a fin de recabar de los gobiernos federales el encargo provisorio de los ramos de Guerra y Relaciones Extranjeras, indicaron a nombre del Gobierno de Buenos Aires como punto de reunión del próximo Congreso, a San Lorenzo, o Santa Fe, ambos puntos fuera del territorio de Buenos Aires, a fin de no herir las susceptibilidades de las provincias; y aunque el enviado cerca del Gobierno de San Juan se inclinase a hacer preferir a San Lorenzo, la Convención de diputados se reunió en Santa Fe, como punto más independiente de Buenos Aires. El tratado cuadrilátero adicionado que sirve de pacto provisorio de la actual Confederación Argentina, a más de establecer la obligación de cada provincia contratante de invitar a Congreso en el momento que la paz interior se restableciese, estipuló en sus artículos adicionales de 1831 que: «Ínterin durase el estado de cosas, y mientras no se restablezca la paz pública en todas las provincias de la República, residirá en la capital de Santa Fe una comisión, compuesta de un diputado por cada una de las provincias litorales, cuya denominación será Comisión representativa de los gobiernos de las provincias litorales de la República Argentina, cuyos diputados podrán ser removidos al arbitrio de sus respectivos gobiernos cuando lo juzguen conveniente, nombrando otros inmediatamente en su lugar.» Citamos esta cláusula para mostrar cuál fue el pensamiento dominante de los pueblos con respecto al lugar adecuado para la reunión de un Congreso deliberante. Aquellos motivos, acaso infundados, de temor a la influencia demasiado poderosa de Buenos Aires, toman hoy nueva fuerza de la circunstancia de ser aquella ciudad la residencia del Encargado de los negocios exteriores, facultado con la suma del poder público por la legislatura provincial, en virtud de la cual los diputados del Congreso deliberante quedarían por solo hecho de estar en la ciudad de Buenos Aires bajo el régimen de dependencia del poder absoluto que inviste el gobernador de aquella provincia, y por tanto, privados de toda independencia de la emisión, por la prensa y en la tribuna de sus opiniones. Ni se concibe cómo un congreso que puede residenciar al encargado de las relaciones exteriores sobre el uso que de tal encargo ha hecho en veintitrés años, puede estar bajo la jurisdicción irresponsable de ese mismo encargado. Pero la cuestión toma mayor gravedad cuando se considera que van a arreglarse en este Congreso las diferencias que existen entre las ciudades de Buenos Aires y Montevideo, y a dar su legítima representación, no solo a cada una de las provincias de la Confederación, sino al Paraguay, y tanto a los orientales que siguen las banderas del general Oribe como a los orientales que se defienden dentro de las murallas de Montevideo. Ni sería fuera de propósito que los argentinos que están expatriados en el Brasil, Uruguay, Chile y otros puntos hiciesen oír su voz en cuestiones que son de interés general, y que por la naturaleza misma del asunto tienen por base reconocer los principios federales como única base posible de unión que admitiría el Paraguay y Montevideo. El local para la reunión del congreso general ha de estar de tal manera situado, con tales garantías resguardado, que todas las opiniones se hallen en completa libertad, todos los intereses respetados, y todas las susceptibilidades puestas a cubierto de cualquier viso de humillación. Si no existiera este lugar privilegiado en el Río de la Plata, debiera inventarse uno que estuviese al abrigo de toda conexión e influencia de los diversos Estados. Si no hubiese una nación que por su respetabilidad pudiese garantir este terreno neutro, debiera invocarse la protección de alguna de las que han tomado parte en la cuestión del Plata. Afortunadamente el local existe, y es célebre ya en la historia de las colonias españolas por la reunión de los diputados de las coronas de España y Portugal, para transigir por medio de convenios amigables prolongadas cuestiones de límites y poner, como al presente, término a guerras asoladoras. La nación garante de la libertad de las discusiones del congreso posee este punto del territorio, y el medio de hacérselo devolver a la Confederación sería ponerse en posesión de él el congreso general, quedando desde este momento sometido a su jurisdicción. Hablamos de la isla de Martín García, situada en la confluencia de los grandes ríos, y cuya posesión interesa igualmente a Buenos Aires, a Montevideo, al Paraguay, a Santa Fe, Entre Ríos y Corrientes, cuyo comercio está subordinado al tránsito bajo las fortalezas de esta isla. Ocupándola el congreso, la ocuparán al mismo tiempo todas las provincias, todas las ciudades interesadas, todos los Estados confederados. Ocupada la isla central por el congreso, quedaría garantizada la libertad comercial de todos los Estados contratantes, sin el peligro que hoy subsiste de que devuelta a la jurisdicción del gobierno de Buenos Aires la libertad comercial de Entre Ríos, Santa Fe, el Paraguay y el Uruguay sean en lo sucesivo sometidas a las regulaciones que quiera imponerles en su propio provecho el gobierno poseedor de la isla fortificada y dejar con esto subsistentes motivos de conflictos futuros. Y siendo la cuestión principal, por no decir la dificultad más seria, que en todos los países y en todos tiempos ha ofrecido la unión de diversos Estados o provincias en una federación, la ciudad capital que deje a cada una de las partes contratantes en toda libertad a que por este sistema aspiran, todos nuestros estudios, dirigidos por la más severa imparcialidad, deben consagrarse a examinar si la isla de Martín García, colocada hoy por circunstancias fuera de la influencia de los gobiernos argentinos, puede servir de capital permanente de la posible Unión, y si por su colocación geográfica es el centro administrativo, económico y comercial, forzoso, indispensable, para asegurar la reciprocidad de ventajas que los Estados confederales deben prometerse de su unión. Téngase presente que la Gran Federación de los Estados Unidos, el modelo de las repúblicas modernas y el tipo que tuvieron a la vista los federales de todas las Provincias Unidas del Río de la Plata, tropezaron con la misma dificultad que la República Argentina encontró desde los principios para constituirse. Como a las márgenes del río de la Plata Buenos Aires, a orillas del Atlántico Nueva York era, en la época de constituirse los Estados Unidos, la ciudad más rica, más populosa y por tanto más influyente de las colonias inglesas emancipadas; pero a causa de esta misma superioridad los demás Estados y las ciudades de Filadelfia, Baltimore, Boston, etc., se negaban tenazmente a aumentar la desproporción de poder e influencia que existe naturalmente entre ellas y Nueva York, dando esta última mayor poder, haciéndola la residencia de los poderes federales. La prudencia de los patriotas norteamericanos halló al fin en la creación de una nueva ciudad, Washington, para que sirviese de capital a la Unión, un expediente pacífico que conciliase las pretensiones opuestas de las diversas ciudades que pudieron entrar en la asociación sin sentirse dependientes las unas de las otras. Nueva York, Boston, Baltimore, etc., quedaron en posesión de todas sus ventajas de posición, riqueza y comercio, dependiendo solo de las leyes generales de la improvisada capital.

Martín García llenaría aún mejor, que Washington entre nosotros el importante rol de servir de centro administrativo a la Unión. Por su condición insular está independiente de ambas márgenes del río; por su posición geográfica es la aduana común de todos los pueblos riberanos, entrando desde ahora en mancomunidad de intereses comerciales y políticos el Paraguay, Corrientes, Santa Fe, Entre Ríos y la República del Uruguay; por su situación estratégica es el baluarte que guarda la entrada de los ríos; y puesta bajo la jurisdicción del gobierno general de la Unión será una barrera insuperable contra todo amago de invasión. Las ciudades de Buenos Aires y Montevideo, regidas por unas mismas leyes comerciales, quedan en ambas riberas de la boca del Plata, gozando, como no han podido gozar hasta aquí, de las ventajas de su contacto con el comercio europeo, a causa de la rivalidad que abrigan y que las hace propender a engrandecerse la una con ruina de la otra. Bastarían a nuestro juicio estas ventajas para decidir en favor de la capitalización de Martín García, aun a aquéllos que menos simpatías tengan con el sistema federal. Mas hay otras consideraciones que deben tenerse presentes para la grave solución de este asunto, y que trataremos de exponer detalladamente. La riqueza de las naciones, y por consecuencia su poder, proviene de la facilidad de sus comunicaciones interiores, de la multitud de puertos en contacto con el comercio de las otras naciones. La Francia, por ejemplo, en Europa, debe su esplendor a las vías de comunicación fluvial que le permiten exportar sus productos con poco recargo de costos de transporte por el Loire y el Garona al Atlántico, por el Sena al canal de la Mancha, por el Ródano al Mediterráneo, por el Rin al Zuiderzé o mar del Norte, que la pone en comunicación con el Báltico. Sus numerosos puertos en tres mares distintos la hacen el centro de un vasto comercio, con el Levante y África, por Marsella, con América por Burdeos, y El Havre, por la costa del Rin con la Alemania, la Holanda y la Bélgica. El canal del Languedoc establece entre el Ródano y el Garona una vía de comunicación, criterio que facilita por el corazón de la Francia el transporte de las mercaderías de un mar a otro. La Inglaterra, por su forma insular, presenta puertos a todos los mares y en todos los extremos, facilitando una red de caminos de hierro para la pronta circulación de los productos por todos los extremos del Reino Unido.

Los Estados Unidos de Norteamérica son la maravilla de la fácil comunicación de todos los extremos de la Unión con el comercio europeo, y de todos los Estados centrales con las costas, por medio de canales, ríos, ferrocarriles y caminos. Por el norte la cadena de lagos más extensa de la tierra y el San Lorenzo abren al comercio europeo los Estados de Illinois, Indiana, Ohio, Pensilvania y Nueva York; por el Este están en comunicación con el Atlántico, Maine, Hampshire, Massachusetts, Connecticut, Nueva York, Delaware, Nueva Jersey, ambas Carolinas, Georgia y Florida; por el Sur con el Golfo de México, la Luisiana, Alabama y por el Mississippi con el mismo golfo, los Estados bañados por el estuario que forman el Missouri, el Arkansas, el Ohio, el Illinois y otros muchos ríos que miden entre sí diez mil millas de navegación; y este prodigioso conjunto de puntos de contacto con el comercio exterior, ligado por el más grande sistema de canales artificiales y de caminos de hierro que exista en nación alguna de la tierra, esta exposición de todos los Estados y este fácil contacto con el comercio exterior, sin contar con los nuevos establecimientos de Oregón y California en el Pacífico, hacen de los Estados Unidos, no solo el Estado más poderoso del mundo, sino que asegura la libertad e independencia de cada Estado de la Unión, respecto a los demás Estados unidos. El comercio extranjero acumula en los puntos que frecuenta, población y riqueza; y la riqueza y la población de una ciudad acumulan poder, recursos, inteligencia e influjo, que van más tarde a obrar sobre los otros pueblos, colocados en situaciones menos aventajadas. Si se consulta el mapa geográfico de la República Argentina se notará que es, casi sin excepción de país alguno de la tierra, el más ruinosamente organizado para la distribución proporcional de la riqueza, el poder y la civilización por todas las provincias confederadas. Al Oeste las escarpadas cordilleras de los Andes, que embarazan la comunicación inmediata con el Pacífico a las provincias de Mendoza, San Juan, La Rioja, Catamarca, Salta, Jujuy y Tucumán; y como si los obstáculos naturales no fuesen bastantes para estorbar el desarrollo de aquellas provincias, el encargado provisorio de las relaciones exteriores, por un decreto que carece de antecedentes en la historia de los gobiernos, ha puesto obstáculos al comercio en aquellas provincias con Chile y a su ya difícil contacto con los mercados extranjeros por esta parte. Al Sur, lejos de estar en condición la actual Confederación Argentina de poder cambiar sus productos con nación alguna civilizada, sufre las devastaciones de los salvajes, quienes, gracias a nuestro abandono, a la pobreza de las provincias del interior, y a la guerra exterior que nos aniquila, han logrado en estos últimos diez años despoblar una parte de la República, hacer azarosa la comunicación con el puerto de Buenos Aires y acercar el desierto hasta el río Tercero. Por el Norte, el desierto por una parte y las provincias del sur de Bolivia, escasas de productos de lucrativo intercambio, esterilizan los esfuerzos de la industria. Por el Este, en fin, el más envidiable sistema de ríos cerrados al comercio extranjero, y en un ángulo extremo de este inmenso territorio que mide más de 500 leguas de largo, y entre trescientas a cuatrocientas leguas de ancho, un solo puerto, en Buenos Aires, adonde las mercaderías de las demás provincias han de venir a cambiarse forzosamente con las mercaderías europeas, y esto sin el auxilio de canales artificiales, sin el de ríos navegables ni ferrocarriles, ni aun caminos transitables en que la previsión del gobierno haya puesto alguno de los medios auxiliares que la inteligencia humana ha hecho vulgares aun entre los pueblos más atrasados de la tierra. Buenos Aires es el punto de una circunferencia adonde convergen de todos los otros extremos las líneas de comunicación, resultando que los puntos más distantes están, por este solo hecho, condenados a la ruina inevitable que traerá a la larga la diferencia de precios de producción de las mismas materias acusadas por el mayor costo de la exportación. Un solo ejemplo al alcance de todos hará sensible nuestra idea. El precio de los cueros, producción común a todas las provincias, lo establece en el mercado de Buenos Aires la demanda que de este artículo hay en Europa. Si el precio es de ocho reales en Buenos Aires, ¿qué resulta para las provincias que están obligadas a traer a este punto sus productos? Que los cueros producidos en Córdoba llevan ya por el flete la pérdida de tres reales, los de San Luis cuatro, los de La Rioja y Tucumán siete y aun ocho reales; de donde resulta que esta producción condena necesariamente a la pobreza y a la nulidad a las provincias del interior según la mayor o menor distancia a que se encuentran del único puerto, sin que la provincia de Buenos Aires gane un ápice de su prosperidad, debida al contacto inmediato del comercio europeo; pues las pérdidas que experimentan las provincias en su largo y difícil transporte no influyen ni en el precio corriente, ni aumentan los provechos de los productores del mismo artículo en Buenos Aires. Estas comparaciones pueden hacerse en todos los ramos que constituyen la riqueza de la actual Confederación. No es nuestro ánimo inducir a creer que haya en esta disposición de las relaciones comerciales de las provincias con el puerto intención de hacerlas mal y reducirlas lentamente a la despoblación y a la miseria, como ya se nota en todos los ángulos de la República. Esta mala distribución de las ventajas comerciales obrada por la configuración geográfica del territorio que ocupa la actual Confederación, debe remediarla el congreso nacional, en cuanto es dado a la previsión y a la voluntad humana, teniendo presente que no es el puerto de Buenos Aires la vía que la naturaleza ha indicado para la cómoda exportación de los productos del trabajo de los pueblos del interior. La más ligera inspección de la carta geográfica muestra que el Paraguay, Corrientes, Entre Ríos y Santa Fe tienen en los ríos que atraviesan su territorio, medios fáciles de exportación y de contacto con el comercio europeo. De la misma inspección y del viaje de exploración del Bermejo hecho por el benemérito Soria, resulta que Tucumán, Salta y Jujuy encontrarían por aquella vía acuática exportación provechosa a sus productos. La provincia de Córdoba, limítrofe de Santa Fe, encontraría en la canalización del Tercero y en su inmediación al Paraná, una vía de exportación menos costosa y que puede hacerse común a Santiago del Estero y a Catamarca, no excluyéndose de las ventajas de esta vía las provincias de Cuyo, cuyo camino carril ha sido desviado al norte por las depredaciones de los salvajes hasta costear las márgenes del río Tercero hasta el punto en que éste busca su unión con el Paraná. El antiguo camino carril de Cuyo a Buenos Aires se dirigía en línea recta desde San Luis al puerto, pasando por Río Quinto, población destruida durante estos últimos años por los salvajes, San José del Morro, igualmente despoblada, Julu, Cañada Honda, hasta tocar en el fuerte de Santa Calatina destruido por los salvajes como las poblaciones anteriores. De allí seguía hasta el fuerte de las Tunas a Taperas, igualmente despoblado hoy, hasta tocar con la punta del Sauce, destruida igualmente. Hasta que al fin por Melincué, la laguna del Bagual, el Pergamino y el Fortín de Areco, entraba por Luján a Buenos Aires. Hoy el camino de carreta sigue desde Arrecifes al norte costeando el Paraná hasta tocar la esquina del Tercero, cuya margen sigue al Oeste hasta la Herradura, a San José, desde donde inclinándose al Sur busca la dirección de San Luis. Como se ve, la arteria única del comercio de Cuyo con Buenos Aires describe desde San Luis un arco de círculo, cuya cuerda es el camino antiguo, midiendo más de treinta leguas la distancia al norte del camino transitable, lo que hace un tercio más de marcha, y por tanto un aumento más de costos, de tiempo y de flete de los productos, que sin esto tenían ya que soportar el transporte de trescientas leguas. Nuestro objeto al poner de manifiesto estas líneas naturales de comercio, es mostrar cómo la naturaleza misma tiene señalada a Martín García como capital de la federación, ya sea de las actuales provincias argentinas, ya sea la más completa y necesaria de todos los estados riberanos que formaron antes el virreinato, y cuyos intereses políticos y comerciales, como sus ríos y sus vías de comunicación, se reúnen en Martín García. La creación de un puerto de comercio exterior en Martín García, suministrando las mercaderías europeas a las provincias del interior que pueden aprovechar el contacto o la proximidad de las vías fluviales, precipitará por aquella parte el desenvolvimiento de la riqueza y la mayor exportación de productos, que desde allí seguirán la dirección que intereses del comercio les señalen, ya sea acumulándose en Buenos Aires o Montevideo, ya exportándose directamente hacia el exterior. El gobierno de Buenos Aires no tiene interés alguno que lo induzca a propender a la prosperidad de las provincias del interior. La fuente de su riqueza la encuentra exclusivamente en las producciones de su provincia y en su contacto con el comercio extranjero. Así es que durante diez años ha visto arrasadas las campañas de Córdoba y San Luis por los bárbaros, sin tomar medidas para estorbar la repetición de estas depredaciones. Un gobierno general emanado de un congreso de diputados de las provincias y reunido en lugar adecuado para la libertad de las deliberaciones y en el punto céntrico de sus relaciones comerciales, se ocupará desde luego en facilitar todas las vías de comunicación entre las provincias y los puertos que se establezcan estudiando las necesidades del país como que de ese estudio resultará para las provincias mismas la prosperidad que echan de menos y cuya falta ellas solas sienten. Es asombroso, en efecto, el cúmulo de trabajos, viajes, exploraciones y expediciones que nos ha legado el gobierno español, y los muchos que se han agregado después de la independencia. Un tesoro hay sepultado en los archivos del departamento topográfico de Buenos Aires, independiente de los numerosos trabajos publicados por don Pedro A. de Angelis en su colección de documentos, y el Comercio del Plata en su útil y provechosa biblioteca. El ingeniero español don Andrés García, hablando del río Tercero, en su informe al gobierno de Buenos Aires en 1813, dice: «Las provincias de Cuyo y de Córdoba harán sus exportaciones de frutos navegando el río Tercero, Jujuy, Salta y Tucumán hasta la Nueva Orán, enviarán los suyos por el río Bermejo hasta Corrientes. Tarija y demás provincias de la Sierra podrán hacerlo por el Pilcomayo al Paraguay, y el resto del alto Perú alguna vez allanará el paso del río de este nombre. «Por si se recomiendan finalmente las navegaciones del Uruguay, y frutos de la provincia de Misiones, para su exportación, estas grandes obras esperan solo un pequeño impulso del gobierno para que poniendo en movimiento los resortes que deben perfeccionarlas hagan felices a sus habitantes. «He dicho un pequeño impulso, porque no hay montes que horadar como el canal de Languedoc; no hay montañas que trepar, como en el que se trabaja del Sena al Mosa, y de Venecia al condado de Niza, y finalmente, no hay dique para contener la violencia de las aguas, como en Holanda; solo son precisos brazos, marineros y actividad en la empresa.» ¿Por qué no se ha puesto mano a ninguno de estos trabajos después de la caída del gobierno nacional, sino porque no teniendo el encargado provisorio de las relaciones exteriores interés ninguno en que Córdoba, Salta, Tucumán, etc., mejoren sus vías, y siendo éstas demasiado pobres para emprenderlo por sí mismas, no hay ese gobierno que dé un pequeño impulso a trabajos que son vulgares en Estados más pequeños. El objeto de una Confederación es reunir la fuerza colectiva de la nación al provecho y ventaja de cada uno de los Estados asociados, y sería ridículo suponer que haya Estados que se reúnan libremente para renunciar a toda esperanza de progreso y de mejora, para sí mismos, abandonando el poder, la riqueza, la gloria y todas las ventajas comerciales y políticas a uno solo de los Estados y a un solo individuo. Las provincias de Cuyo, es verdad, no están estrechamente ligadas con el nuevo centro comercial que la capitalización de Martín García crearía para todas las demás provincias y los Estados del Paraguay y del Uruguay; pero, a más de que ellas gozarían de la ventaja de dirigirse a Buenos Aires o Santa Fe, en busca de las mercaderías europeas, con el desenvolvimiento de la provincia de Córdoba, tan rica en productos, ganarían en medios y facilidades de exportación. La provincia de Córdoba como centro de la República requiere toda la solicitud del congreso, pues que introducidas las mejoras y el progreso hasta su seno, las provincias limítrofes al Oeste, Catamarca, La Rioja y Cuyo participarían del movimiento. Las provincias de Cuyo, molestadas hoy en sus relaciones comerciales con Chile, por disposiciones tan inconcebibles en su espíritu y objeto, como absurdas en la forma, pudieran con el auxilio del congreso nacional aprovechar las facilidades de exportación que ofrece el sistema de lagos en Huanacache, y el navegable Desaguadero, para cortar sus distancias, disminuir sus costos de transporte que los colocan en la última escala de los pueblos argentinos, asaltados en las pampas por los salvajes, oprimidos por gabelas vejetorias en cuatro o cinco provincias del tránsito y devorados por los costos del tránsito, para exportar mercaderías que sin costo alguno les hacen fatalmente el precio ruinoso que les hace malograr el fruto de tan largos afanes. Todos los pueblos de la Confederación han sentido los males que se causan con los derechos de tránsito que se imponen unos a otros, y aun el encargado provisorio de relaciones exteriores ha manifestado su pesar de que tales males se prolonguen. Pero nadie ha observado que distraídas en Buenos Aires las rentas que se cobran sobre las mercaderías consumidas por los pueblos, los pobres gobiernos confederados carecen de recursos para sostenerse, no habiendo rentas nacionales que vengan en su auxilio, viéndose forzados a arruinar a sus propios pueblos para existir. Consideraciones de tanta gravedad hacen premiosa, urgente, la convocación del congreso general, en lugar independiente y libre de influencias fatales al interés de cada una de las provincias confederadas. La prolongación del provisorio encargado de las relaciones exteriores, hecho por las provincias hace veintitrés años, a condición de la inmediata convocatoria de un cuerpo deliberante, consumará más tarde la ruina de los pueblos, si no aprovechamos del incidente que nos ha deparado la Providencia, haciendo que la isla de Martín García, llave del comercio interior, esté fuera del dominio del gobierno de

Buenos Aires, y pueda entrar en el dominio del congreso general.

Capítulo IV. Atribuciones del congreso

Es carácter privativo de la verdad hacerse, una vez enunciada, asequible a toas las inteligencias, vencer en la conciencia pública las resistencias que las pasiones y los intereses sublevan, hasta formar a la larga la convicción íntima de los pueblos, así como es señal infalible de error el empeño de apartarlos del examen y discusión de sus propios intereses, exaltando pasiones rencorosas que ofuscan la mente y quitan al espíritu la justicia y exactitud de sus juicios. Creemos haber mostrado a nuestros compatriotas una vía pacífica y conciliadora para allanar las dificultades que los rodean, sin sacrificar a su interés el interés de sus adversarios. Nos hemos atenido hasta aquí en el examen de las diversas cuestiones que hemos tocado, al texto literal de las convenciones, leyes y decretos emitidos por los gobiernos federales de la República Argentina, y no abandonaremos este camino mientras la historia política y diplomática de nuestro país nos suministre datos para ello. Cuando hablamos de las atribuciones del congreso, no nos proponemos detenernos en las que competen a todos los congresos del mundo, cuales son examinar la conducta de sus encargados, aprobar o rechazar tratados, declarar la guerra y sancionar definitivamente la paz, constituir la nación y hacer uso en todos los negocios públicos de la soberanía que inviste. Ni nos limitamos al voto enunciado por los gobiernos federales de San Luis, Mendoza y San Juan dirigiéndolas en 1827 al gobierno de La Rioja, en que decían: «Los GG. que suscriben están persuadidos que, sean cuales fueren los motivos que han causado las interiores desavenencias, el sentimiento general de los pueblos y de los buenos ciudadanos es, sin duda, conseguir el objeto primario de nuestra gloriosa revolución de 1810; asegurar la independencia y formar una República con leyes sabias y benéficas, bajo de las que podamos gozar de libertad y de felicidad. Están también persuadidos que, siendo la diferencia de opiniones sobre los medios de conseguir un mismo fin, lo que principalmente obsta a él es no dejarse escuchar el voto general de la nación, sofocado por medio de las armas, sin oír la voz respetuosa de la razón, y sin prever que la sangre que se derrame entre los ciudadanos de una misma patria nos atrae el descrédito de la nación ante los que nos observan, y la ruina de la República. En el estado a que han llegado nuestras desgracias, es forzoso un medio que nos preserve de la última ruina.» Es triste, sin duda, que tan santos votos y tan amargos hechos sean aún en 1850, como lo eran en 1827, un vano, estéril e impotente deseo. Pero apelaremos a algo más positivo que simples votos y deseos, a pactos vigentes suscriptos por los gobiernos de las provincias del litoral, y a los que han adherido más tarde los demás gobiernos que forman la provisoria Confederación. En el tratado cuadrilátero, ley vigente hoy, en la atribución quinta de la comisión que debía existir mientras no se estableciese la paz pública, están acordadas las funciones del congreso. Repetiremos esta cláusula para mejor inteligencia: «Quinta. Invitar a todas las provincias... a que, por medio de un congreso general federativo, se arregle la administración general del país, bajo el sistema federal, su comercio exterior e interior, su navegación, el cobro y distribución de las rentas generales y el pago de las deudas de la República, su crédito interior y exterior, y la soberanía, libertad e independencia de cada una de las provincias.» Tal es el texto de la ley escrita y reconocida por todas las provincias de la Confederación, tal la misión del congreso, por la que han trabajado incesantemente todos los gobiernos federales, y que se ha hecho en vano esperar veintitrés años, desde el día en que se confió el encargo de las relaciones exteriores al gobierno de Buenos Aires. Las necesidades que se hacían sentir en 1831 son las mismas y mayores en 1850. La administración general del país bajo el sistema federal ha sido sancionada por los hechos y la reclama hoy más que nunca la complicación del Paraguay con la Confederación Argentina, obrada por la muerte del doctor Francia, y de la República del Uruguay, causada por nuestra ingerencia en las luchas entre el general Oribe, que la Confederación sostiene, y sus adversarios políticos atrincherados por ocho años en la ciudad de Montevideo. El partido unitario, que pretendió dar otra organización al país, ha desaparecido, constando de todos los documentos públicos de la Confederación la uniformidad del voto de los pueblos en favor del sistema federal. Es inútil, pues, detenerse sobre este punto decidido de hecho y de derecho. El congreso será federativo, en cumplimiento del tratado que liga a todos los pueblos de la República.

Comercio interior y exterior

Este segundo objeto de la reunión del congreso es hoy más que nunca urgente y necesario. El encargado de las relaciones exteriores no puede, en virtud de su cargo, expedirse en punto que es de la atribución exclusiva del congreso, según el pacto federal y la naturaleza de los poderes legislativos. Vías de comunicación, trabajos de utilidad nacional, arreglo de derechos nacionales, extinción de las aduanas interiores, todo esto pertenece al congreso. El comercio de las provincias del interior con las costas del Pacífico está cerrado hace cuatro años; el clamor de los pueblos contra los derechos que agobian el tránsito de las mercaderías entre unas provincias y otras se ha hecho unísono y general.

La Confederación tiene aduanas exteriores en los puntos que están en contacto con el extranjero, y el congreso solo puede deliberar sobre el cobro y distribución de las rentas generales. La Confederación actual presenta la imagen del caos en materia de administración y de rentas, y los abusos que en ella se perpetúan después de cuarenta años de independencia no tienen ejemplo en pueblo ninguno de la tierra.

Navegación

Este es el punto culminante de las atribuciones del Congreso. No es sin duda la navegación del Río de la Plata, desde Martín García hasta entrar en el mar, lo que por arreglo de la navegación entendían los gobiernos que estipularon el tratado de 4 de enero de 1831, que hoy sirve de pacto federal. La navegación de esta parte del río era entonces, como lo es hoy, libre de toda jurisdicción, puesto que, en contacto inmediato con el mar, pertenecía con igualdad de derechos a la Confederación y a la República del Uruguay. Arreglar el uso de esta parte del río sería como arreglar el uso del aire, de la luz, que a todos pertenece. En la convención celebrada en 1827 entre los comisionados de los gobiernos de Santa Fe y de Buenos Aires, y ratificada por el general Viamonte como gobernador de esta última ciudad, y don Manuel de Encalada como ministro del Interior, hay tres cláusulas que se corresponden y suceden como complementos las unas de las otras. Por el artículo XV, los gobiernos contratantes convienen en invitar a las provincias de la República a la convocación y reunión de un congreso para organizarla y constituirla. Por el artículo XVI, el gobierno de Santa Fe autoriza al de Buenos Aires para dirigir las relaciones exteriores con los Estados europeos y americanos. Por el artículo XVII se estatuye que «hasta que se establezca un arreglo definitivo sobre la navegación del río Paraná, ambos gobiernos se obligan a dejarla en el estado que tenía el 30 de noviembre del año interior anterior». Esta dificultad en el tratado de 1829 entre los gobiernos de Santa Fe y Buenos Aires, es la misma que ambos gobiernos y el de Entre Ríos, interesados igualmente en la navegación del Paraná, declararon en el tratado posterior de 1831 ser de la competencia del congreso general arreglar, arreglando la navegación. Todo convenio, pues, celebrado por el encargado de las relaciones exteriores sobre la navegación de los ríos es una invasión sobre las atribuciones del congreso, único que puede estatuir sobre este punto de interés nacional. Esta soberana competencia del congreso en asuntos de navegación de los ríos era ya reconocida por los gobiernos de Buenos Aires, Entre Ríos y Santa Fe desde 1820. En la convención celebrada por aquellos gobiernos en 13 de febrero de aquel año, se estipula, por el artículo IV, que: «Entre los ríos Uruguay y Paraná navegarán únicamente los buques de las provincias amigas cuyas costas sean bañadas por dichos ríos. «El comercio continuará, como hasta aquí, reservándose a la decisión del congreso cualesquiera reformas que sobre el particular solicitasen las partes contratantes.» El gobernador de Santa Fe, el general López, que solicitaba en 1829 el arreglo de la navegación, murió sin haber visto colmados sus deseos, y lo que es aun más singular, la ciudad de Santa Fe desde entonces acá se ha arruinado y despoblado, en despecho de las ventajas de su posición a orillas de un gran río navegable, rodeado por el Carcarañá y teniendo en su territorio la embocadura del río Tercero, de Córdoba. Estas ventajas de posesión, que habrían bastado en los Estados Unidos de Norte América para crear en diez años una ciudad populosa, centro de un vasto comercio, a Santa Fe no le trajeron sino su ruina y despoblación que describe así sir Woodwine Parish en su obra sobre la República Argentina dedicada al general Rosas: «En otros tiempos, Santa Fe, bajo la protección del gobierno central, que no economizaba gastos para construir puentes y mantener las fuerzas necesarias para contener a los indios, era el punto central no solamente entre Buenos Aires y el Paraguay, sino entre éste y las provincias de Cuyo y Tucumán; los vino y frutos secos de Mendoza y San Juan eran conducidos a Santa Fe, para ser transportados a Corrientes y al Paraguay, que en cambio proveían a los habitantes de aquellas provincias, como también a las de Chile y del Perú, por la misma vía, con toda la hierba mate necesaria para el consumo, el cual, en aquellas provincias solamente, estaba calculado de 3 a 4 millones de libras. «Los estancieros eran los más ricos del virreinato y sus haciendas no solamente cubrían el territorio de Santa Fe, sino que en las costas orientales de Entre Ríos ocupaban grandes espacios de terreno, de donde suministraban la mayor pacte de las cincuenta mil mulas que se enviaban anualmente a Salta para el servicio del Perú. «Su situación es muy diferente hoy día; la clausura del comercio con el Paraguay y el Perú la ha reducido al más deplorable estado de miseria, y su separación de la capital, habiéndola dejado sin medios suficientes de defensa, los salvajes la han atacado con impunidad, desolado la mayor parte de la provincia, y más de una vez amenazado la ciudad misma con una destrucción completa.» En 1807, en la época de la riqueza y comercio de Santa Fe, la ciudad de Buenos Aires solo tenía edificadas como ciento cincuenta manzanas, en un radio de cosa de mil varas, en derredor de la fortaleza, cuyo espacio queda hoy comprendido entre las calles de Chile y Belgrano, al sur la de Tacuarí, la de Maipú, al este, y las del Parque, Corrientes y la de la Piedad al norte, según constancia de planos de la época que copió sir Woodwine Parish. Buenos Aires debió permanecer en ese estado o crecer lentamente hasta 1810, época en que el comercio abierto a todas las naciones vino a darle nueva vida. En 1838 la ciudad abrazaba ya un área de trescientas treinta cuadras cuadradas. Pero en 1838, Santa Fe, el antiguo centro del comercio del Paraguay con el Alto Perú, Chile, Cuyo, Tucumán, ¡contaba apenas 1.500 habitantes!

¿A qué cúmulo de causas tan extraordinarias y destructoras puede atribuirse decadencia y ruina que solo ha necesitado treinta años para consumarse? Santa Fe había salido victoriosa de todas sus luchas civiles, llegando su buena fortuna y el terror de sus armas hasta imponer un tributo anual a la poderosa Buenos Aires. La provincia se había librado del azote de las disensiones intestinas que antes de 1820 y después de 1829 turbaron la tranquilidad de Buenos Aires. Ningún ejército invasor la ha saqueado, como en tiempos atrás lo fue Tucumán, y, sin embargo, la ciudad que dio el grito de federación se muere lentamente cual si estuviera carcomida por un mal secreto, y el viajero que contempla hoy el yermo que ocupaban antes sus templos y edificios no sabe a qué atribuir la desaparición de una ciudad que parecía tan favorecida por la naturaleza. Mientras este extraño fenómeno tiene lugar en el Paraná, veamos lo que ha sucedido al mismo tiempo a algunas leguas más abajo, donde el Paraná cambia su nombre por Río de la Plata. Buenos Aires, en 1770, ocupaba el tercio del espacio que hoy ocupa, y desde 1810 en adelante su población crece rápidamente, sus riquezas acrecen, y hoy es una de las primeras ciudades de la América del Sur. En la otra margen del Plata, Montevideo, fundada en 1760, crece en población hasta ocupar el espacio que limitaba la antigua muralla, y en 1836, desbordada la población, y destruido el muro español de defensa, la ciudad abraza triple extensión de terreno, y en los lugares que un año antes crecían abrojos se levantan como por encanto palacios en que se ostentan los mármoles de Italia y las bellezas y comodidades de la arquitectura moderna. ¿Por qué causa oculta, pues, Santa Fe se desmorona y Buenos Aires y Montevideo se ensanchan, pueblan y enriquecen? ¿No están las tres ciudades sobre las márgenes del mismo río? ¿No gozan de las mismas leyes comerciales? He aquí, pues, explicado el fenómeno. Buenos Aires y Montevideo son puertos abiertos al comercio europeo, a los buques de todas las naciones. Mientras que Santa Fe solo podía admitir en su puerto los buquecillos de cabotaje, Buenos Aires y Montevideo eran centros comerciales, y Santa Fe, aunque puerto, no lo era ni podía serlo por la interdicción del comercio europeo en que están las ciudades litorales del Paraná. Corrientes, si no se ha arruinado del todo, ¿es por ventura ciudad tan rica, tan populosa y civilizada como Buenos Aires? Por qué causa si no por el contacto inmediato con el comercio europeo, Montevideo ha crecido a nuestra vista, en solo los diez años que sucedieron al sitio, y las otras ciudades del litoral de los ríos permanecen estacionarias, despobladas, pobres y subalternas en la escala de la civilización? Esta es una ley universal. Del libre intercambio de productos entre una ciudad y los demás mercados del mundo depende su engrandecimiento y su prosperidad. La riqueza de los Estados depende del mayor número de puntos comerciales que encierran, de la mayor extensión de sus costas. Chile es en América un Estado centralizado: Valparaíso era el puerto de la provincia de Santiago, capital del Estado. La aduana general de la República estaba en la capital; pero los legisladores chilenos, persuadidos de que el engrandecimiento de la nación depende de la riqueza de cada una de las provincias que la forman, han ido abriendo al comercio extranjero puertos en las provincias, según se hacía sentir la necesidad. Fueron declarados Concepción y Coquimbo puertos mayores para el tráfico europeo; lo fue en seguida Chiloé; más tarde Valparaíso fue erigido en provincia separada; más tarde Constitución y

Copiapó han sido franqueados al comercio europeo. Ya hemos hecho sentir en otra parte la ruinosa organización actual de la Confederación, con un solo puerto habilitado para el comercio extranjero; pero a la sabia y meditada deliberación del congreso le toca remediar por leyes previsoras este error de la naturaleza. El congreso decidirá si cuando el mar no baña nuestro territorio sino por un extremo la voluntad humana podrá prolongar hacia el interior por medio de ríos, que son extensos como mares, la comunicación y contacto directo con el comercio extranjero; el congreso resolverá si conviene aplicar a Santa Fe destruida, a Corrientes y Entre Ríos anonadadas, al Paraguay sepultado en el interior de la América, el mismo ensalmo que ha hecho en pocos años la prosperidad, el engrandecimiento de Montevideo y Buenos Aires. El congreso, en fin, dirá si el Río de la Plata es el hijo predilecto de la Confederación, y si el Paraná, el Uruguay y el Paraguay deben permanecer siempre fuera de la ley de la distribución equitativa de las ventajas comerciales de la asociación. Nosotros no prejuzgamos nada. Si hay dificultades que vencer, la sabiduría de los legisladores sabrá allanaras. Si hay intereses, fiscales, rentísticos, aduaneros que consultar, el congreso sabrá dejarlos satisfechos; si hay precauciones de seguridad nacional que tomar, las instituciones, las leyes, los tratados, las restricciones, cuanto la inteligencia humana puede prever y establecer, bastarán a resguardar todos los intereses. Vergüenza sería que el gobierno de Buenos Aires se empeñase en probar a sus confederados del litoral de los ríos que nos les conviene enriquecerse por la misma vía que se ha enriquecido Buenos Aires; que sería una calamidad para ellos y para la nación que en las aduanas de Santa Fe, Corrientes y Entre Ríos se colectase un millón de pesos anuales de derechos de exportación e importación sobre las mercaderías, mientras la aduana de Buenos Aires pone a disposición del encargado de negocios 4 millones de pesos anuales, con los que puede sostener ejércitos, marina, empleados, jueces, al mismo tiempo que las provincias perecen de consunción y miseria, arruinándose entre sí con gabelas y pechos. Lo que hay de más notable en esta desigualdad, en la distribución de las ventajas comerciales entre las provincias, es que la ciudad de Buenos Aires nada pierde porque la riqueza se desenvuelva en el interior, ganando, al contrario, su comercio con la creación de nuevos mercados, y el aumento de la población y de la riqueza del interior, que duplica las materias comerciales, pone en circulación mayores capitales y reproduce al infinito el movimiento comercial, distribuyéndolo sobre todos los puntos del territorio. La estrechez de ideas que prevalece entre nosotros ha hecho creer a muchos espíritus mezquinos que Buenos Aires no podía engrandecerse sino con la ruina de Montevideo y la estancación, nulidad y atraso de las provincias. Pero basta echar la vista por la carta de los Estados Unidos para sentir cuán absurda es semejante idea. Las ciudades más populosas y más comerciantes, Boston, Halifax, Salem, Nueva York, Baltimore, Filadelfia, están situadas todas sobre una misma costa en un espacio de menos de cuarenta leguas, y entre estos pueblos comerciantes la pequeña ciudad de Salem tiene mayor riqueza, en proporción, de sus habitantes, que ciudad ninguna de la tierra. El comercio se estimula a sí mismo, y la riqueza y variedad de los mercados sometidos a su especulación son el elemento de su prosperidad. No puede haber comercio entre una ciudad rica y una provincia pobre, porque no hay igual masa de productos que cambiar entre sí. Un dato reciente, y de cuya importancia puede juzgar el más negado, comprueba la verdad de este axioma. El movimiento de cabotaje del Paraná que registra una gaceta de Buenos Aires de este año, da los siguientes resultados: CAPITANÍA

DEL PUERTO ¡VIVA LA CONFEDERACIÓN ARGENTI-NA! ¡MUERAN LOS SALVAJES UNITARIOS! Relación de los buques nacionales que han salido del puerto, hoy, día de la fecha, con expresión de sus toneladas, destinos y cargamentos: Pailebot nacional «Tres Amigos», de 15 toneladas, patrón Lorenzo Brisoles, para Santa Fe, en lastre; por José M. Rughi. Pailebot nacional «Cirus», de 15 toneladas, patrón Juan Migoui, para Santa Fe, en lastre; por José M. Rughi. Pailebot entrerriano «Emelina», de 19 toneladas, patrón Pedro Rosel, para el Monte, en lastre; por el patrón. Pailebot nacional «Hermán», de 44 toneladas, patrón José Puyol, para Santa Fe, en lastre; por D. Gandulfo. Pailebot nacional «Teresa», de 25 toneladas, patrón Lázaro Buzzone, para Santa Fe, en lastre; por José M. Rughi. Bote nacional «Juanita», de 3 toneladas, patrón Juan Porcela, para Gualeguaychú; en lastre; por José M. Rughi.

Bergantín goleta nacional «Francisco», de 125 toneladas, patrón Gregorio Gastaldi, para Gualeguaychú, en lastre; por Ocampo y Risi (hijo). Pailebot nacional «Vicente», de 80 toneladas, patrón Antonio Ravena, para Santa Fe, en lastre; por Casares e hijos. Lanchón nacional «Principiante», de (...) toneladas, patrón Antonio justo, para el Monte, en lastre; por B. Encalada. Balandra nacional «Carmen», de 8 toneladas, patrón Eduardo Holeo, para el Monte, en lastre; por el patrón. Pailebot nacional «Francisco Primero», de 13 toneladas, patrón Manuel Bruzone, para Las Palmas, en lastre; por José M. Rughi. Goleta nacional «Ceferina», de 44 toneladas, patrón Manuel Sosa, para la Concordia, con 6 bordolesas vino; por el patrón. Ballenera nacional «Carmelita», de 15 toneladas, patrón Pedro Ferraro, para Gualeguaychú, con 10 pipas de vino tinto; por Ocean y Risso. Lancha nacional «Literito», de 6 toneladas, patrón Andrés Chavos, para Zárate, con 4 bultos efectos; por el patrón.

Goleta nacional «Adelaida», de 55 toneladas, patrón Marcelo Ambrosi, para la Concordia, en lastre; por D. Gandulfo. Goleta nacional «Palmira», de 20 toneladas, patrón Pablo Capurro, para la Concordia, con 50 barricas harina, 25 petacas tabaco, 1 bultito encomienda, 15 bultos efectos, 1 baúl perfumería, 2 bultos efectos, por D. Gandulfo. Bergantín goleta entrerriano «San José», de 87 toneladas, patrón Esteban Guastavino, para la Concepción del Uruguay, con 400 fanegas sal, 10 pipas vacías, 2 cajoncitos efectos, 10 íd. fideos; por José M. Rughi. Goleta Nacional «Carolina», de 50 toneladas, patrón Esteban Chiquero, para la Victoria, con 3 fardos efectos, 8 piezas íd., 1 cajón íd., 950 fanegas sal, 25 tirantillos, 20 quintales fierro; por E. Ochoa y Cía. Goleta Nacional «Clara», de 51 toneladas, patrón Luis Boisa, para la Concordia, con 46 cajones efectos, 20 fardos bayeta, 6 barricas ferretería, 4 bolsas arroz, 10 rollos tabaco, 1 bolsa cominos, 1 íd. anís en grano, 12 barricas fideos; por D. Gandulfo. Goleta nacional «Flor de Buenos Aires», de 60 toneladas, patrón Juan Figari, para la Concordia, con 2 cajones mercancías, 1 pieza bayeta, 3 pipas vino, 13 farditos mercancías, 25 cajoncitos pasas, 19 damajuanas anís, 27 ollas de fierro, 10 barricas azúcar, 20 sacos pasas, 10 rollos tabaco, 4 barrilitos ferretería; por José M. Rughi. Goleta nacional «Josefina», de 45 toneladas, patrón Lázaro Borda, de Arengo, para la Concordia, con 1 atado asierra, 8 canastos clavos, 2 atados cencerros, 1 tinaja de barro, 2 medias bolsas garbanzos, 1 atado cuadros, 2 sacos maní, 1 barrica azúcar, 2 balas papel, 1 barril aceitunas, 10 bolsas fariña, media pipa vinagre, 20 damajuanas anís, 29 íd. ginebra, 1 barrica calderas, 6 baulitos efectos, 2 piezas bayeta, 3 docenas ollas, 2 barricas azúcar, 1 saco pasas, 2 rollos tabaco, 6 cajones mercancías, 8 bultos íd., 6 fardos íd., por el patrón. Son nacionales.

De los 21 buques, solo ocho llevan algunas mercaderías en cambio de los productos que importaron; y estos ocho se dirigen a aquellos puertos en donde queda alguna vida comercial. La ruina de Santa Fe está patente en esta lista de buques en lastre, que parece una procesión mortuoria. ¡Cómo cambiaría de aspecto la situación de aquellas provincias, sometidos los ríos a una legislación más liberal, poniendo en contacto todos sus puertos con el comercio europeo, que limita hoy su acción vivificante a solo Buenos Aires y Montevideo! El sistema de ríos navegables a que sirve de embocadura el de la Plata, pone en contacto más de diez mil leguas cuadradas de la América del Sur. Las inexploradas riquezas de Mattogrosso, los ricos productos del Paraguay y el Brasil, Salta, Córdoba y las demás provincias adyacentes se reúnen de todos los puntos del horizonte, de todas las latitudes y de todos los climas en las vías de navegación que proporcionan el Paraguay, que nace a los 12° de latitud, el Paraná a los 17°, el Uruguay que comienza a ser navegable 160 leguas más allá de su confluencia con el Paraná, el Bermejo que viene de dirección opuesta, el Pilcomayo cuya navegación es por lo menos verosímil; agregándose a estas vías formadas por la naturaleza las que la industria y la conveniencia han de abrir desde el momento en que cuenten cambiar ventajosamente los productos nacionales por los artefactos europeos. Pocos años bastarán para que, habilitadas estas grandes arterias destinadas por la Provincia a llevar el movimiento y la vida a todos los extremos de la República, nuevos territorios sean poblados, mayor número de ciudades riberanas creadas, haciendo con la misma masa de productos exportados la prosperidad de todas ellas, y ensanchando la esfera de las especulaciones de Buenos Aires y Montevideo, cuya situación aventajada las hará siempre florecientes. Estas franquicias fluviales, sobre las que un congreso de las provincias interesadas solo puede estatuir, concurren en tiempo, con los medios de obviar las dificultades que hasta aquí han paralizado el movimiento de los ríos. La tiranía ignorante y sombría del doctor Francia fue largo tiempo una barrera puesta a la navegación de los ríos. Sus celos mezquinos y la ignorancia de sus verdaderos intereses le indujo a dejar estériles los resultados obtenidos por Soria en la feliz explotación del Bermejo. La variable dirección de los cauces de los ríos era hasta ahora poco un retardo insuperable para la rápida navegación fluvial, por la imposibilidad de la propia dirección de los vientos. Las expediciones que remontan el Paraná emplean de ordinario meses enteros en remontar pocos centenares de leguas. Algunos buques de los 117 que remontaron los ríos después de la batalla de Obligado, invirtieron más tiempo de ida y vuelta hasta Corrientes que el que se necesitaría para hacer un viaje a Europa. Pero el doctor Francia ha muerto en la misma época en que se aplicaba el vapor al remolque de los buques de vela en los ríos. De Nueva York a Albany remontan y descienden vapores arrastrando tras sí o a sus costados catorce embarcaciones cargadas de tal masa de mercaderías, que distribuido entre ellas el costo del motor auxiliar se hace imperceptible. En todos los puertos de difícil entrada los vapores de remolque remedian este inconveniente. Así, pues, el Paraná, el Uruguay, el Paraguay, serán por los medios poderosos de que la industria moderna está armada, vehículos de comunicación tan rápida, tan frecuente y extensa, como se han hecho en estos últimos años el Ohio, el Mississippi en los Estados Unidos, ríos desiertos y casi inexplorados no hace veinte años y que hoy surcan cuatrocientos vapores y veinte mil embarcaciones de vela. ¿A qué causa sino a una mala legislación fluvial puede atribuirse el que tan vasto sistema de ríos navegables por tantos centenares de leguas no

tengan sus márgenes cubiertas de ciudades ricas y populosas, y no arrastren sobre sus quietas aguas sino miserables y
escasas producciones? Guardémonos de los que nos hablan
de la seguridad nacional para cerrar los ríos al comercio europeo, mientras ellos llenan la bolsa abriendo sus puertos a
ese mismo comercio; guardémonos de los que nos aconsejan
permanecer en la inacción y en la miseria, mientras ellos ven
crecer a influjo del comercio extranjero sus ciudades, su riqueza y esplendor. Los sacrificios, como las ventajas, deben
distribuirse proporcionalmente entre todos los asociados; de
lo contrario, se constituiría una sociedad leonina, en la que
el uno tendría el poder y los otros la sumisión, el uno la
riqueza y la miseria los otros. Veinte años de tristísima experiencia han debido aleccionar a los que ni pueden ni quieren
ser el león de la tábula.

Capítulo V. Argirópolis[7]

Creemos haber llegado a establecer sólidamente la conveniencia, la necesidad y la justicia de crear una capital en el punto céntrico del Río de la Plata, que poniendo por su posición geográfica en armonía todos los intereses que se chocan sin provecho después de tan largos años, termine a satisfacción de todos los partidos, de todos los Estados del Plata la guerra que los desoía, para cuya solución han sido impotentes las armas de la Confederación Argentina y la diplomacia europea. Efectivamente, la creación de una capital en Martín García, para conciliar los intereses y la libertad de los Estados confederados, tiene en su apoyo: 1° El ejemplo de los Estados Unidos de Norte América, que adoptaron en igual caso el mismo temperamento para constituir la Federación. Washington fue creada para servir de capital de la Unión Americana y su distrito entregado al congreso. 2° Que por su forma insular Martín García se desliga naturalmente de toda influencia de cada una de las provincias que forman la Unión. 3° Que cerrando la entrada al Paraná y al Uruguay, las provincias ribereñas de Corrientes, Santa Fe, Entre Ríos y sus limítrofes, como asimismo el Paraguay y la República del Uruguay, unidas en un interés común, están interesados en la independencia de dicha isla de toda otra provincia que pueda, ahora o en lo sucesivo, someter la navegación interior de los ríos a las regulaciones que su interés particular le aconseje imponer.

4° Que si han de hacerse estipulaciones entre el Paraguay y el Uruguay con la Confederación actual para garantirse re-

---

7   Para evitar una perífrasis, creamos un nombre técnico, emanado de la naturaleza del objeto denominado «argurión», palabra griega que significa plata, y «polis», terminación de ciudad. «Argirópolis»: ciudad del Plata. N. del A.

cíprocamente la navegación de sus ríos, estas estipulaciones no pueden ser duraderas y firmes mientras los tres Estados no tengan igualdad de dominio sobre la isla fuerte que cierra el tránsito, y esta igualdad supone la asociación y federación de los tres Estados en un cuerpo unido por un interés y un centro común. 5° Que la situación extranjera de Martín García la hace un baluarte de defensa para los Estados y, por tanto, está llamada a ser el centro de la Unión. 6° Que la situación geográfica de las provincias de la Confederación Argentina hace de esta isla, no solo el centro administrativo y comercial, sino la aduana general para la percepción de los derechos de exportación e importación. 7° Que deja a Buenos Aires y Montevideo en pleno goce de las ventajas comerciales que les asegura su situación a ambos lados de la embocadura del río, sometidas a una legislación común que estorbe en adelante la competencia y rivalidad comercial que las ha arrastrado a pretender destruirse mutuamente en las guerras, intervenciones y luchas de partido que ambas han fomentado durante los quince años precedentes. 8° Que la población de la isla creará en pocos años un nuevo centro comercial común a las dos ciudades, y por tanto un nuevo elemento de prosperidad para ellas, aumentando el número de ciudades comerciantes y ricas del río de la Plata. 9° Que no estando en poder de ninguno de los Estados la isla, y siendo la posesión actual que de ella tiene la Francia por vía de rehenes, la Francia se prestaría a devolverla a un congreso reunido en ella para terminar la guerra, y el congreso tendría interés de entrar en su inmediata posesión, en nombre de todos los Estados interesados. 10° Que convocado el congreso, el encargo de las relaciones exteriores hecho provisoriamente al gobierno de una de las provincias deja de ser una amenaza constante de usurpación del poder nacional, efectuada por la duración y la irresponsabilidad del encargado, y las concesiones que solicita diariamente de los poderdantes, para extender su autoridad a punto de someterlos a ellos mismos a su dominio. Militan en favor de la fusión de los tres Estados del Plata en un solo cuerpo, el espíritu de la época y las necesidades de las naciones modernas. La especie humana marcha a reunirse en grandes grupos, por razas, por lenguas, por civilizaciones idénticas y análogas. La India desde principios de este siglo trabaja por reunirse en una sola nación, y las últimas revueltas de la Lombardía y Venecia han tenido por instigador el espíritu italiano. La Alemania por la Asamblea de Francfort o la política de Prusia o del Austria, aspira al mismo fin. Los Estados Unidos del Norte se agrandan por la creación de nuevos Estados y la anexión de los vecinos. Tejas, el Nuevo México y California han cedido ya a esta atracción, y el alto y bajo Canadá continúan cada vez más atormentados por el deseo de adherirse a un gran centro de Unión. Esta propensión a aglomerarse las poblaciones se explica fácilmente por las necesidades de la época. La ciencia económica muestra desde el mecanismo de las fábricas hasta la administración de los Estados, que grandes masas de capitales y brazos soportan con menos gasto el personal que reclaman. Cuando por otra parte brillan en la tierra cuatro o cinco grandes naciones, los hechos y los hombres de las pequeñas pasan inapercibidos, valiendo más ser diputado de la cámara baja en Inglaterra que presidente en una república oscura. Las repúblicas sudamericanas han pasado todas más o menos por la propensión a descomponerse en pequeñas fracciones, solicitadas por una anárquica e irreflexiva aspiración a una independencia ruinosa, oscura, sin representación en la escala de las naciones. Centro América ha hecho un estado soberano de cada aldea: la antigua Colombia diósela para tres repúblicas; las Provincias Unidas del Río de la Plata se descompusieron en Bolivia,

Paraguay, Uruguay y Confederación Argentina, y aun esta última llevó el afán de descomposición hasta constituirse en un caos sin constitución y sin regla conocida, de donde ha salido la actual Confederación, encabezada en el exterior por un encargado provisorio de las relaciones exteriores.

Los Estados del Plata están llamados, por los vínculos con que la naturaleza los ha estrechado entre sí, a formar una sola nación. Su vecindad al Brasil, fuerte de cuatro millones de habitantes, los ponen en una inferioridad de fuerzas que solo el valor y los grandes sacrificios pueden suplir. La dignidad y posición futura de la raza española en el Atlántico exige que se presente ante las naciones en un cuerpo de nación que un día rivalice en poder y en progreso con la raza sajona del Norte, ya que el espacio del país que ocupa en el estuario del Plata es tan extenso, rico y favorecido como el que ocupan los Estados Unidos del Norte. El mundo está cansado de oír hablar de estas reyertas americanas entre ciudades que apenas son algo más que aldeas, entre naciones que no cuentan más poblaciones que un departamento o un condado. Pero para que la Confederación Argentina pretendiese hacerse el centro, solicitando esta concentración de los Estados que se han desprendido de ella, era necesario que se mostrase digna de tan honrosas simpatías, que en lugar de llevar la guerra y la desolación a sus vecinos, los eclipsase por el brillo de sus instituciones, por el desarrollo de su riqueza. ¿Quién querrá adherirse a un Estado regido por la violencia y el arbitrio irresponsable de un mandatario que no tiene aún un título permanente para ejercer la autoridad suprema? ¿A la sombra de qué Constitución sancionada por los pueblos vendrían a reposarse el Paraguay envilecido y anulado por el doctor Francia, el Uruguay dilapidado por Rivera o amenazado por Oribe de gobernarlo por derecho de conquista? Buscarían en esta asociación, anónima, acéfala y sostenida solo por la violencia, respeto por las opiniones, libertad para el pensamiento, igualdad para los Estados confederados en la distribución de las ventajas de la asociación? Solo la convocación inmediata del Congreso y la promulgación de una Constitución que regle las relaciones de Estado a Estado y garantice los derechos y la libertad de los ciudadanos puede servir de base a la inevitable reunión de los Estados del Plata y con ella a la cesación de las luchas, odios y rivalidades que los afligen, para dejar que el porvenir inmenso a que están llamadas aquellas comarcas alcancen a las generaciones actuales con algunas de sus bendiciones. Si todas estas ventajas y resultados obtenidos sin efusión de sangre, sin trastornos ni cambios peligrosos, no pudieran obtenerse de una vez, bastaría que una sola de ellas fuese inmediata y efectiva para hacer apetecible por lo menos la invención de la capital de los Estados del Plata. Nosotros no pedimos más a los hombres desapasionados y a quienes no extravían pasiones culpables, que mediten sobre estos puntos y habitúen su espíritu a creer posible lo que es verosímil, a desear que sea un hecho lo que en teoría presenta tan bellas formas. ¿Qué obstáculos impedirían que la idea se convirtiese en hecho práctico, que el deseo se tornase en realidad? ¿No se presta la superficie de Martín García a contener una ciudad? ¡Cómo! ¿Génova, la ciudad de los palacios, no pudo llegar a ser ella sola una de las más poderosas repúblicas de Italia? ¿No están sus templos y edificios derramados sobre el declive rápido de una montaña, no habiendo en toda la ciudad sino dos calles, a lo largo de la angosta franja, de tierra que a fuerza de arte han arrebatado a las olas del mar? ¿La célebre Venecia, fundada sobre estacas en el seno de las lagunas, no fue apellidada la reina del Adriático y sus habitantes no tuvieron por largos siglos el destino del mundo en sus manos? Y sin buscar ejemplos tan lejos, ¿han impedido las montañas y el mar que Valparaíso, que solo contenía una calle hace veinte años, contenga hoy cincuenta mil habitantes y sea el centro del comercio del Pacífico? La América española se distingue por la superficie desmesurada que ocupan sus ciudades apenas pobladas; y el hábito de ver diseminarse los edificios de un solo piso en las llanuras nos predispone a hallar estrecho el espacio en que en Europa están reunidos doscientos mil habitantes. De este despilfarro de terreno viene que ninguna ciudad española en América pueda ser iluminada por el gas ni servida de agua, porque el costo excesivo de los caños que deben distribuir una u otra no encuentran cincuenta habitantes en una cuadra. Por otra parte, es un hecho conquistado que la grandeza de los pueblos ha estado siempre en proporción de las dificultades que han tenido que vencer. Los climas fríos engendran hombres industriosos, las costas tempestuosas crean marinos osados. Venecia fue libre y grande por sus lagunas, como Nápoles fue siempre presa de los conquistadores por sus llanuras risueñas. Nuestra pampa nos hace indolentes, el alimento fácil del pastoreo nos retiene en la nulidad. Pero Martín García no está en las condiciones de aquellas ciudades que la industria humana ha hecho surgir en despecho de la naturaleza, dondequiera que un poderoso interés aglomeraba hombres y edificios. Su extensión se presta a todas las aplicaciones apetecibles. El general Lavalle hizo durante su mansión en aquella isla desmontar una porción de terreno y cultivar en él cereales. Nuestro juicio no está habituado a la repentina aparición de ciudades populosas. Estamos habituados a verlas morir más bien de inanición. ¡San Luis, Santa Fe, La Rioja, que la tierra que ha recibido en su seno los escombros de vuestros templos de barro os sea propicia! Preséntasenos a la imaginación invenciblemente chozas de paja, calles informes, aldeanos medio desnudos por moradores. Solo el espíritu de los norteamericanos no se sorprende de encontrar una ciudad populosa iluminada por el gas, donde dos años antes crecían encinas y robles. El mapa de los Estados Unidos envejece en cinco años; en cada nueva sesión del congreso los diputados tienen que hacer lugar al representante de un nuevo Estado que pide asiento en el Capitolio, y las ciudades nacen de piedra y calicanto, se endurecen al Sol de un año y ven aumentar sus habitantes por millares cada semana. Hay quienes trafican en la crianza e invención de ciudades, y tal especulador que compró a un dólar el acre de tierras baldías las menudea un año después a una guinea la yarda. Que Argirópolis sea, y tales son las ventajas de su posición que la virilidad completa será contemporánea de su infancia. La aduana de los estupendos ríos que recorriendo medio mundo vienen a reunirse en sus puertos atraerá allí cien casas de comercio. El congreso, el presidente de la Unión, el tribunal supremo de justicia, una sede arzobispal, el Departamento Topográfico, la administración de los vapores, la escuela náutica, la universidad, una escuela politécnica, otra de artes y oficios, y otra normal para maestros de escuela, el arsenal de marina, los astilleros, y otros mil establecimientos administrativos y preparativos que supone la capital de un Estado civilizado servirán de núcleos de población suficiente para formar una ciudad. ¡A cuántas aplicaciones públicas se ofrece el laberinto de canales e islas que forman el delta del Paraná! ¿Por qué no hemos de abandonarnos a la perspectiva de ver los mismos efectos, cuando las causas son más poderosas? ¿Queréis puertos espaciosos, seguros, cómodos? Cread docks como los de Londres en el Támesis, como los de Liverpool en Mirvay, que guardan las naves debajo de llave y las cargan con carretas atracadas a su bordo. ¿Queréis fortificaciones inexpugnables? Estableced sobre las aguas del río, sostenidas por anclas, baterías flotantes con cañones a la Paixhans. Esta es la última palabra de la fortificación marítima, los navíos de tres puentes no osan acercárseles. La calidad montañosa del terreno hace de esta circunstancia una ventaja. Los accidentes del terreno rompen la monotonía del paisaje; los puntos elevados prestan su apoyo a las fortificaciones. Una plataforma culminante servirá de base al capitolio argentino, donde habrá de reunirse el congreso de la Unión. La piedra de las excavaciones de Martín García sirve de pavimento a las calles de Buenos Aires, y no hay gloria sin granito que la perpetúe. Argirópolis (la ciudad del Plata) nacería rica de elementos de construcción duradera; los ríos, sus tributarios, le atraerán a sus puertos las maderas de toda la América Central. Si queréis saber lo que la industria europea puede hacer en su obsequio, no hay más que ver que a dos mil leguas más lejos lleva el interés del comercio. Los diarios publican recientemente las siguientes noticias de California: «Por ejemplo, el año pasado fueron remitidos seis hoteles, diez almacenes completos, nueve juegos de bolos, 372 casas de madera, 59 de hierro, 7 ídem portátiles, 29 casas de hierro galvanizado, un gran almacén de hierro galvanizado y un gran número increíble de departamentos de casa, tanto de madera como de hierro. Este artículo esta calculado en millares. Es extraordinaria la cantidad remitida de materiales de construcción: pasan de cuatro millones los pies de madera, y más de un millón las ripias y ladrillos.» ¿Dirásenos que todos estos son sueños? ¡Ah! Sueños, en efecto; pero sueños que ennoblecen al hombre, y que para los pueblos basta que los tengan y hagan de su realización el objeto de sus aspiraciones, para verlos realizados. Sueño, empero, que han realizado todos los pueblos civilizados, que se repite por horas en los Estados Unidos, y que California ha hecho vulgar en un año, sin gobierno, sin otro auxilio que la voluntad individual contra la naturaleza en despecho de las distancias. La civilización, armada hoy de los instrumentos de poder que ha puesto en sus manos la ciencia, los lleva consigo dondequiera que penetra. Dése hipotéticamente una ciudad como Venus, saliendo de entre la espuma de las aguas de un conjunto de ríos y el comercio pondrá de su cuenta en un año todos los accesorios y vehículos que aceleren el movimiento. Los vapores de remolque saldrán como en la boca del Mississippi al amanecer a caza de naves retardadas por los contrarios vientos. Los mil canales en que el Paraná se deshilacha al hacerse Río de la Plata serán frecuentados por millares de botes, falúas y lanchas que se agitan incesantemente en las marinas adyacentes a los puertos. Cuanto punto abordable presentan las costas del Uruguay, el Paraná y ambas márgenes del Plata serán otros tantos mercados de provisiones, contándose por minutos las distancias que el vapor mide desde la isla a Buenos Aires, cuyas torres se divisan: doce años han bastado para producir en California estos asombrosos resultados: «Entre San Francisco y Panamá se emplean como paquetes regulares los siguientes vapores: Oregón, Panamá, California, Unicorn, Fenerre, Carolina, Isthmus, Columbus, Sarah Sands, New Orleans. Estos diez vapores, de las mayores dimensiones conocidas, están en contacto con los siguientes en el Atlántico: Crescent City, Empire City, Falcon, Ohio Georgia, Cherokee, Philadelphia. Al movimiento activo de la población que imprimen la actividad incesante de estos diez y siete vapores se agrega la de catorce vapores más, que en los ríos de California y en las aguas del Pacífico se emplean inmediatamente, y son: Senator, Hatford, Spitfire, West Point, Eudora, Sea Gull, Taboga, W. J. Pause, Chesapeake, Gold Hunter, New-World, Wilson, G. Hunt, Confidence, Goliath.» Dos años ha que el teatro de tanta actividad era un yermo, interrumpido de tarde en tarde por pobres y atrasadas poblaciones mexicanas, sin industria y durmiendo dos siglos hacía sobre montones de oro. Nunca hemos podido echar una mirada distraída sobre la carta del Río de la Plata, sin que los ojos se sientan atraídos irresistiblemente por la sorprendente disposición de Entre Ríos para convertirse en el país más rico del universo. No tenemos embarazo de decirlo; la naturaleza no ha creado pedazo de tierra más privilegiado. El Egipto es estrecho, la Holanda cenagosa, la Francia misma mal regada. Todo el país cruzado a lo larga por cuchillas montuosas que accidentan blandamente el paisaje, y fijando las nubes alimentan las lluvias. En el centro, entre dos de estas eminencias, corre el Gualeguay, formado por cuarenta y ocho arroyos, que a derecha y a izquierda subdividen el valle o basin, con una red de canales de irrigación. Paralela al Paraguay corre otra cuchilla, de donde se desprenden casi en línea recta más de ochenta corrientes de agua, que corresponden a una por legua. Otro tanto sucede en el lado opuesto, hacia el Paraná, y todo este estupendo país, abrazado, envuelto en toda su extensión por el Paraná y el Uruguay que lo circundan. Entre Ríos, el día que haya leyes inteligentes de navegación, será el paraíso terrenal, el centro del poder y de la riqueza, el conjunto más compacto de ciudades florecientes. Situada en la embocadura de dos ríos que vienen de las zonas tórridas, bajo el clima templado que media entre 34° y 30° de latitud, regado a palmos, a dos más de Europa, ¿por qué no es hoy una nación, en lugar de una provincia pobre y despoblada? Desde luego, la falta de leyes de navegación; pero principalmente una mala aplicación de territorio privilegiado. El Entre Ríos es un pedazo de tierra regado por la naturaleza con el esmero de un jardín; ¡pero en este jardín pacen hoy rebaños de vacas! La legua cuadrada de terrenos, con bosques y arroyos en el estado de naturaleza, no puede consagrarse al pastoreo sino de un cierto número de animales. Como estos animales dan al año un producto fijo, el monto del valor de este producto anual es como el interés de un capital que representa el valor del espacio de tierra que el ganado ocupa, y el del ganado mismo; de donde resulta que la tierra no puede tener, en razón de sus productos, sino un valor insignificante. Cambiemos la aplicación dada a la tierra; pongamos en lugar del ganado hombres cultivándola, y hagamos el mismo cómputo. La cuadra de terreno regada por los centenares de arroyos da una cantidad de productos cuyo valor aumenta indefinidamente en proporción del trabajo y en razón de las facilidades de exportación; de donde resulta que la tierra puede tener un valor ilimitado en razón de sus productos. El propietario de una legua de terreno de pastoreo puede, pues, aplicándolo o abandonándolo a la agricultura, obtener los resultados que en Montevideo se obtuvieron aplicando a ciudad el espacio de tierra que yacía inculta fuera de la muralla; y lo que hoy vale cientos de pesos valdrá en pocos años cientos de millones, con solo desmenuzar en pequeños lotes la propiedad territorial y venderla a colonizadores alemanes, como los que han poblado en estos diez años últimos las márgenes del Ohio en los Estados Unidos. Ahora el Entre Ríos está rodeado de países que no producen cereales. Se haría el granero de los pueblos, desde el Paraguay hasta Martín García, el del Brasil y el de la Inglaterra, a donde se exportan de Chile con ventaja los trigos. En Entre Ríos debiera prohibirse la cría de ganado, para entregarse sin estorbo a la cría de ciudades, al aumento de la población y al cultivo esmerado de pedazo de tierra tan lujosamente dotado. La proximidad de un gran centro de comercio, como el que ha de formarse en la capital de los Estados del Plata; la reunión de un Congreso que regle y fomente la navegación de los ríos; una Constitución que distribuya equitativamente las ventajas comerciales; en fin, la provisión de un gran movimiento de buques y de hombres, darían en poquísimos años al Entre Ríos la alta posición que a sus habitantes depara la Providencia. Martín García sería el granero del Entre Ríos, para satisfacer desde allí la demanda de productos agrícolas hecha por el comercio marítimo para la exportación y por el consumo de las ciudades circunvecinas. Volviendo a las ventajas que aseguraría a los Estados del Plata la creación en aquella isla de una ciudad capital, apuntaremos una que para nosotros al menos es de una trascendencia incalculable. Tal es la influencia que ejercería sobre los hábitos nacionales esta sociedad echada en el agua, si es posible decirlo, y rodeada necesariamente de todos los medios de poder que da la civilización. A nadie se ocultan los defectos que nos ha inoculado el género de vida llevado en el continente, el rancho, el caballo, el ganado, la falta de utensilios, como la facilidad de suplirlos por medios atrasados. ¡Qué cambio en las ideas y en las costumbres! ¡Si en lugar de caballos fuesen necesarios botes para pasearse los jóvenes; si en vez de domar potros el pueblo tuviese allí que someter con el remo olas alborotadas; si en lugar de paja y tierra para improvisarse una cabaña se viese obligado a cortar a escuadra el granito! El pueblo educado en esta escuela sería una pepinera de navegantes intrépidos, de industriales laboriosos, de hombres desenvueltos y familiarizados con todos los usos y medios de acción que hacen a los norteamericanos tan superiores a los pueblos de la América del Sur. La otra consecuencia sería aun más inmediata, y no tenemos embarazo de indicarla, y es que proporcionaría ocasión de obrar un cambio completo en la política actual de los gobiernos de la Confederación. La necesidad de triunfar de las resistencias, el deseo de dominar las dificultades que se han opuesto hasta aquí a la organización de la república, ha hecho que los gobiernos se hayan armado de poderes terribles que hacen ilusoria toda libertad. Pasado, empero, el peligro que autorizó esta acrecentación de poder, es casi imposible desmontar aquellas máquinas. El gobernante se ha acostumbrado en diez años de práctica al uso del poder absoluto; el pueblo a temblar y temer; y la legislatura provincial que autorizó al ejecutivo ha venido a quedar tan subyugada e intimidada por su misma criatura, que tiembla solo de pensar que en sus manos estaría el hacer cesar las facultades que concedió. Los hombres que están a la cabeza de los pueblos, y cuya voluntad representan o dominan, tienen un gran cargo que pesa sobre ellos. El partido unitario, cuales quiera que sus desaciertos fueren, reunió un Congreso y dio una Constitución a los pueblos. Los federales no creyeron consultados en ella los intereses de las provincias, y el coronel Dorrego, según la declaración oficial de su agente cerca de las provincias de Cuyo, «puesto a la cabeza de la oposición derrocó (con esfuerzo y refuerzo de las provincias) aquellas autoridades que abusaron de la confianza y sinceridad de los pueblos». Derrocadas las autoridades nacionales «y para no continuar en la acefalía en que nos observamos», añadía el mismo enviado solicitando el provisorio encargo de las relaciones exteriores, «debemos no perder un momento en concurrir a la formación de un cuerpo deliberante, sea congreso o convención preliminar a él». El gobierno federal de San Juan, al otorgar el encargo solicitado, declaró por una ley de legislatura, «que no era la voluntad de la provincia el que la nación subsistiese inconstituida». Todos los pueblos hicieron iguales declaraciones. ¿Han cumplido los gobiernos federales tan solemnes promesas en veintitrés años transcurridos? ¿De quiénes dirá la historia imparcial que abusaron de la confianza y sinceridad de los pueblos? Por otra parte, esos unitarios, proscritos, perseguidos a muerte, condenados al exterminio por las leyes de sangre y de odio, ¿tenían o no derecho de desconocer un sistema provisorio que había mentido a sus promesas, que no era expresión de la nación, legítimamente manifestada en un congreso prometido? La constitución unitaria fue echada por tierra; ¿pusisteis en su lugar la Constitución federal ara que los unitarios reconociesen la ley a que estaban obligaos a someterse? La reunión del congreso, pues, que así lo habíais prometido, y la creación de una capital independiente de toda influencia local, daría por resulta a más de dejar satisfecho el voto de la mayoría federal, quitar a los unitarios todo pretexto para desconocer el orden existente, pues que sería la ley común y definitiva de los pueblos. Los unitarios son un mito, un espantajo, de cuya sombra aprovechan aspiraciones torcidas. ¡Dejemos en paz sus cenizas! Los unitarios ejercieron el poder en 1824, y suponiendo que la generalidad de sus miembros tuvieron entonces la edad madura que corresponde a hombres públicos, hoy, después de veintiséis años transcurridos, los que sobreviven al exterminio que ha pesado sobre ellos, han encanecido, y cargados de años, debilitados por los sufrimientos de una vida azarosa, solo piden que se les deje descender en paz a la tumba que los aguarda.

Capítulo VI. De las relaciones naturales de la Europa con el Río de la Plata

Hemos cuidado intencionalmente de apartar del grave examen que nos ocupa una de las faces que presenta la cuestión del Río de la Plata, y no la menos influyente, a fin de no complicar las cuestiones y oscurecer la verdad con la multitud de tópicos y detalles. La Francia y la Inglaterra se han presentado sucesivamente, durante estos últimos diez años, pretendiendo a veces haber sido perjudicadas en los intereses de sus nacionales, ya ofreciendo y aun interponiendo su intervención en la lucha de Montevideo con Buenos Aires, ya, en fin, creyéndose solidarias en la independencia de la República del Uruguay. Los acontecimientos que han tenido lugar en el Río de la Plata, la prolongación indefinida de las negociaciones, aquel continuo enviar agentes para desaprobar sus actos en seguida, han dejado de manifestar que los gobiernos inglés y francés, como el Brasil y otras potencias que han tomado parte accidentalmente en el debate, no tienen una idea bien clara de la naturaleza de las cuestiones que se agitan en el Río de la Plata, marchando a la ventura, guiadas por las impresiones del momento, la impresión personal de este o el otro ministro, y cediendo a la presión de los graves acontecimientos que tienen hoy lugar en Europa. Ni podemos acusar a la Francia y a la Inglaterra de injusticia sistemática contra nosotros. La Presse, uno de los diarios más acreditados de Europa, y el Courrier du Havre, en Francia, están hace ocho años convertidos en órganos influyentes de la manera de ver del encargado de las relaciones exteriores de la Confederación Argentina, de manera que podemos decir que los intereses de la Confederación han tenido sus órganos oficiales en la prensa europea; y el debate de la Asamblea Nacional en las ruidosas sesiones del mes de febrero del presente año ofrecieron una mayoría de más de trescientos diputados que no querían llevar las cosas al extremo, para otros inevitable, de un rompimiento.

En Inglaterra ha sucedido otro tanto en la prensa y en el parlamento, encontrando el encargado de las relaciones exteriores en el lord Palmerston un ministro enteramente dispuesto en su favor. Así, pues, debemos deplorar los errores de la opinión en Europa, sin atribuir los actos de sus gobiernos hacia nosotros a un pensamiento fijo de hostilidad y a intención de dañarnos. No es menor la divergencia de las opiniones en la Confederación Argentina. La generalidad cree, y la prensa y los gobiernos fomentan estas deplorables disposiciones, que las potencias europeas pretenden subyugarnos y atacar nuestra independencia nacional, «hacernos presa del ingrato pérfido extranjero, sometiéndonos a sus brutales caprichos e infames aspiraciones». La verdad es que esas potencias a quienes un gobierno se atreve a atribuir oficialmente actos o pensamientos infames y brutales, han permanecido diez años sin emplear medio ninguno reprobado para llevar a cabo sus designios, y que veinte veces han consentido en desaprobar los actos de sus enviados, destituirlos y retirarlos, sin obtener con ello resultado alguno definitivo. ¿Puede la Confederación Argentina lisonjearse de haber una sola vez en los quince años desaprobado, como lo han hecho la Francia y la Inglaterra, un acto de su encargado en las relaciones exteriores, destituídolo como la Francia y la Inglaterra lo hicieron con Ousley y Deffaudis, y buscado por su parte aquellos medios que sin deshonra puede un pueblo tocar para quitar en sus desavenencias con las demás naciones todo motivo de irritación innecesaria? ¿Qué diferencia de poder hay entre nuestro encargado de las relaciones exteriores y un negociador francés? El primero, como su título lo dice y como los tratados con las provincias lo establecen, es un simple comisionado provisorio, cuyos actos, para ser definitivos, necesitan la aprobación y ratificación de las autoridades de los pueblos que lo constituyeron su encargado. La Inglaterra ha demostrado por su conducta reciente cuán fatigada estaba de sostener una cuestión interminable, y la Francia, después de haber probado todos los medios que la prudencia sugiere, aún no se resuelve sin tentar nuevas negociaciones a romper definitivamente con la Confederación Argentina o su representante en las relaciones exteriores. Apartemos, pues, todo espíritu de prevención en el examen de las pretensiones de aquellas potencias y limitémonos a indagar cuáles son sus verdaderos y permanentes intereses en América y hasta dónde esos intereses pueden conciliarse con los nuestros. La Inglaterra ni la Francia pueden abrigar el más remoto pensamiento de conquista. Una y otra se observan, y la guerra sería el primer fruto de una tentativa de este género. Los economistas ingleses han demostrado cuán ruinosas son para la metrópoli las colonias, y esta doctrina ha pasado ya a dirigirla política del gabinete. El artículo 66 de la Constitución de la República francesa ha prohibido al gobierno francés toda guerra de conquista; y aun antes de promulgada esta Constitución los ministros de Luis Felipe declararon solemnemente a la Inglaterra que su ocupación de la isla de Martín García era provisoria, reconociendo en ella la soberanía de la Confederación Argentina; y a menos que no temamos que en despecho de declaraciones tan solemnes la Francia haga lo que se ha hecho con el encargado de las relaciones exteriores tomado provisoriamente mientras se procedía a la convocación de un congreso, nada tenemos que temer por esta parte. En cuanto a la libre navegación de los ríos, la Francia y la Inglaterra han declarado que no tenían derecho a exigirla, y el encargado de las relaciones exteriores, negándose a estipular a este respecto, no ha hecho más que mantenerse en los límites de sus atribuciones, pues por la naturaleza de las cosas y el texto literal del tratado adicional al cuadrilátero, que sirve de pacto federal, el arreglo de la navegación es de la competencia exclusiva del Congreso de las provincias argentinas, así declarado por tratados suscriptos por el gobierno de Buenos Aires antes y después que le fuese encargada la gestión provisoria de las relaciones exteriores. Esta limitación de las atribuciones del encargado se funda en razones de conveniencia que saltan a primera vista. Los gobiernos federales de Santa Fe, Corrientes y Entre Ríos no habían podido arribar a un arreglo definitivo con el gobierno de Buenos Aires sobre la navegación del Paraná, como consta de cláusula expresa de diversos tratados, reservando la resolución de las dificultades al Congreso. Ahora, estos mismos gobiernos, al encargar al de Buenos Aires representar la República ante las potencias extranjeras, proveyeron que el arreglo de la navegación de los ríos quedaría, como antes, reservado a la decisión del Congreso, previendo que, a pretexto o con motivo de un tratado con una nación extraña, el gobierno de Buenos Aires podría aprovecharse de su carácter de encargado para estatuir cosas que serían en perjuicio de las provincias litorales y en provecho de una idea culpable de monopolio en favor de la provincia que presidía. Lo contrario habría sido librar a la decisión del gobierno de una de las partes interesadas la solución misma a que no había podido arribar en los anteriores tratados. Cuando el encargado de las relaciones exteriores ha declarado la clausura de los ríos interiores, ha declarado simplemente que no estaba en sus atribuciones hacer cambio ninguno en el status quo existente, por ser una facultad reservada al Congreso por el gobierno de Buenos Aires y los de las provincias litorales. Esclarecidos todos estos puntos capitales, para alejar toda preocupación y toda irrigación del espíritu, examinemos ahora cuáles son los intereses de la Francia y de la Inglaterra en la América del Sur, poniéndonos por un momento de su lado, para no subsistir nuestros intereses a los suyos. Dos grandes móviles traen a la Europa a interesarse en nuestras cuestiones americanas. Desde luego, la Europa desea vender en América el mayor número de mercaderías posible y exportar la mayor cantidad posible de productos americanos. Para conseguir esto, la Inglaterra y la Francia propenderán siempre a obtener tratados que les aseguren todas las facilidades de vender mucho y comprar mucho, y los medios de penetrar por todo el país con sus mercaderías, remontar los ríos hasta Mattogrosso, si es posible y si allí encuentra el comercio probabilidad de hacer cambios ventajosos. Este interés europeo en nuestro país estará completamente de acuerdo con el nuestro, a condición de proveer a la seguridad de nuestro territorio y al cobro de los derechos de importación y exportación que las necesidades del Estado hagan necesario imponer; porque también nuestro interés está en vender la mayor suma de productos posible y comprar la mayor cantidad de artefactos europeos. No es rico el que tiene plata, sino el que produce y sabe gozar del fruto de su trabajo. Nosotros no seremos fabricantes sino con el lapso de los siglos y con la aglomeración de millones de habitantes; nuestro medio sencillo de riqueza está en la exportación de las materias primas que la fabricación europea necesita. Muy contentos estarían los europeos, pues, sí la navegación de los ríos interiores se les abriese bajo las regulaciones que exige la seguridad nacional y la percepción de los derechos; pero más contentos quedarían los pueblos del interior, que con esta aproximación a sus fronteras de la actividad europea y del movimiento mercantil hallarían medios de enriquecerse, poblarse y civilizarse ni más ni menos como Buenos Aires y Montevideo se han poblado y enriquecido rápidamente con la apertura de sus puertos al comercio extranjero. En este punto, pues, nuestro interés es casi el mismo que el de las potencias europeas, y bastarían algunas leyes inteligentes y previsoras para que se armonizasen del todo. No es, pues, de esta fuente de donde pueden emanar las desavenencias de que somos víctimas. Dejamos a un lado estimar lo que en un interés de monopolio comercial pudieran pretender Buenos Aires o Montevideo, y las razones de conveniencia que pueden darse para sostener que el libre acceso acordado a las naves europeas en aquellas dos ciudades, tan fecundo en riqueza y poder para ellas, sea funesto a Santa Fe, Entre Ríos y Corrientes. Estos son misterios cuya profundidad no seríamos capaces de sondear. El otro interés de la Europa en América es el de sus nacionales, y éste, es preciso decirlo, es el menos fácil de manejar: los fardos van a donde los llevan; pero los hombres obran, se mezclan con la sociedad, tienen pasiones, virtudes y vicios, y a veces se salen de los límites que la moral, las leyes, las costumbres les imponen. La Europa tiene interés en que sus hombres sean respetados en sus intereses, en su vida y en su libertad: nada más justo. Mas no pocas veces la mala intención de sus agentes diplomáticos, los informes apasionados, y debemos decirlo, nuestro estado de desorganización y de violencia, dan lugar a colisiones y reclamos injustos o exagerados. ¿Cuál es nuestro interés en este caso? ¿Es distinto del interés de las naciones europeas? No. Es el mismo. La América está colocada en una condición que hace para ella un elemento de prosperidad y engrandecimiento el atraer a su seno el mayor número de extranjeros. La colonización española, dilatándose sobre una inmensa extensión del país, lo dejó casi despoblado. La Confederación Argentina tiene país para cien millones de habitantes, y no cuenta con un millón de hijos. En nuestra época no es posible esperar el lento progreso de la población natural, sin condenarse a la nulidad por siglos enteros. La emigración del exceso de población de unas naciones Viejas a las nuevas hace el efecto del vapor aplicado a la industria: centuplicar las fuerzas y producir en un día el trabajo de un siglo. Así se han engrandecido y poblado los Estados Unidos, así hemos de engrandecernos nosotros; y para nosotros el concurso de los europeos es más necesario que no lo es para los norteamericanos. Descendientes éstos de la industriosa, navegante, manufacturera Inglaterra, tienen en sus tradiciones nacionales, en su educación y en sus propensiones de raza elementos de desenvolvimiento, riqueza y civilización que les bastarían sin auxilio extraño. Nosotros necesitamos mezclarnos a la población de países más adelantados que el nuestro, para que nos comuniquen sus artes, sus industrias, su actividad y su aptitud al trabajo. El europeo que viene a establecerse entre nosotros, si hace una gran fortuna, esa fortuna no existía antes, la ha creado él, la ha añadido a la riqueza del país. La tierra que labra, la casa que construye, el establecimiento que levanta, son adquisiciones y progresos para el país; y sus medios industriales, aunque él se vaya, quedan en el dominio de los conocimientos adquiridos para nosotros. El medio, pues, de volar, de suplicar al tiempo y a la distancia para poblar, enriquecer nuestro país y hacerlo fuerte contra la Europa, es hacer segura la situación de los extranjeros, atraerlos a nuestro suelo, allanarles el camino de establecerse y hacerles amar el país, para que atraigan a su vez a otros con la noticia de su bienestar y de las ventajas de su posición. Europa en este momento es presa de trastornos que desquician las fortunas, conmueven las sociedades, ahuyentan los capitales, y los hombres, inquietos por su porvenir tan nebuloso, suspiran por encontrar un país a donde trasladarse y fijar su morada. La habilidad política de un gobierno americano estaría, pues, en mostrarse no solo dispuesto a recibir esos millones de huéspedes, sino en solicitarlos, seducirlos, ofrecerles ventajas, abrirles medios y caminos de establecerse y fijarse en el país. Los franceses, italianos, españoles y todos los pueblos del Mediodía de Europa son irresistiblemente atraídos a emigrar a la América del Sur, por la analogía de idioma, de clima, de religión y de costumbres, y esta es la causa por que se ve abundar la población italiana, francesa y española en Buenos Aires y Montevideo; esta es la causa por que la Francia persiste en ingerirse en nuestros asuntos hasta dejar asegurada la posesión de sus nacionales en número tan crecido, expuestos a las guerras, las devastaciones, las violencias y las persecuciones de que son víctimas los pueblos del Río de la Plata hace veinte años. Porque este y no otro es el origen de esas intervenciones, bloqueos y pretensiones que mantienen la incertidumbre y la desconfianza. Lo que ha ocurrido con los extranjeros en Montevideo es un hecho que emana de la naturaleza de las cosas, y que ha de repetirse en la América del Sur si los gobiernos en lugar de provocar las antipatías de esa masa de población que cada día acrecienta la nuestra, no se pone en armonía con el espíritu de la época. Sin duda que tenemos el derecho de emplear nuestra independencia en degollarnos los unos a los otros, en proclamar un partido el exterminio de otro, en hacer pasar la guerra civil de un extremo a otro de la República, en confiscar las propiedades y no reconocer otra ley de gobierno, otro principio de orden ni otra constitución que la voluntad del que manda, revestida del pomposo nombre de facultades extraordinarias, de suma del poder público. ¿Quién niega a Buenos Aires el derecho de sitiar a Montevideo, restablecer autoridades destituidas, asolar las campañas por ocho años, prolongando una guerra de exterminio? Nadie puede impedirnos que en asunto tan grave como el que se propone la Confederación con la lucha oriental, se inviertan 60 millones de pesos fuertes en ocho años por los contendientes, que arruinen 100 millones en las devastaciones inevitables de la guerra y dejen de crearse mayor suma de valores, por el progreso de la riqueza, detenido por la interrupción de los trabajos y el malestar general. Que en lugar de canales, caminos, muelles, vapores, telégrafos, tengamos en actividad cañones, minas, contraminas, ejércitos y flotas; nada más legítimo. Pero al menos reconozcamos que la población extranjera que viene buscando la paz y la libertad necesarias para hacer progresar su industria no debe mirar con ojo indiferente el que un ejército venga a sitiar la ciudad que habita, paralizar el comercio, dispersar la población y destruir en un día el trabajo de años de actividad y de esfuerzos. El comercio en América lo hacen los europeos en Valparaíso como en Buenos Aires y Montevideo; y todas las perturbaciones a que aquellos países están sujetos, los triunfos y reveses de los partidos, las persecuciones y confiscaciones a que están expuestos los ciudadanos argentinos u orientales, van necesariamente a influir sobre el curso de los negocios, a paralizar el comercio, a interrumpir las relaciones. Hoy se cierra el comercio del Paraguay, mañana se interrumpe el de Montevideo, un decreto paraliza el de Chile, una escuadra bloquea a Buenos Aires, una provincia se subleva, el papel sube o baja a merced de las oscilaciones de los negocios públicos, y nadie cuenta con el día de mañana amenazado de una quiebra por causas que salen de los límites de la previsión humana. Para saber cuánto debe afectar a los extranjeros tal género de vida y tal teatro para el comercio, basta echar una mirada por los estados que la Comandancia del puerto de Buenos Aires presenta a los efectos introducidos en un día por mar y las casas a quienes vienen consignados, que son: a Rodríguez. S. Hale. Freyer hermanos. O. J. Hayes y Cía. Rodgers. E. Gowland y Cía. Lowry. Zimmerman Frazier y Cía. Llavallol e hijos. D. J. Wisser. Bunge, Bornefeld y Cía. Lohman. Pérez y Méndez. R. de Chapeaurouge. Ravier hermanos. Fabre y Heven. Eberhard y Cía. Constant Dimet. Zurrarán y Treserra Dunoye y Cía. Sourde. Caumartin. Richard. Click y Cía. Henrand. Hulman. Moirand. Prelig y Cía. D. E. Urien. Desjean y Hugh Arrotea. Widekin y Cía. Renner y Cía. Krutish y Cía. W. Paris Corti Francischeli. Goujon. Solanet. Lezica y Cía. Alberti y Cía. Klappenblacke y Cía. Audiffred. Sean. Freustein Yanitz y hermanos. De Lachaux. Guerrico. Richard Berthol. Gautier. Houlon Larroche, Ducoux, Machain. J. M. del Pont. Sobre el total de cincuenta y tres casas de consignación solo cinco están presididas por nombres argentinos, las demás son europeas. ¿Arruináis a Montevideo, perseguís a los unitarios? El comercio y la industria europea sienten de rechazo el golpe, porque cada uno de estos acontecimientos va a refluir sobre sus intereses y sus especulaciones. ¿Qué extraño es, pues, que las potencias extranjeras con derecho o sin él, pero compelidas a ello por nuestros desórdenes, quieren a todo trance que Montevideo no caiga en nuestras manos, creyendo con su intervención atajar la propagación del mal? Y sobre todo, si queremos ser respetados y ahorrarnos cuestiones, ¿por qué no principiaríamos por donde debiéramos principiar, que es poner orden en nuestras cosas y hacernos respetar por el solo hecho de ser dignos de respeto? Veamos un poco. ¿Hay en la Confederación Argentina una constitución federal, federalísima, que deslinde los poderes de los gobernantes, reconozca los derechos de los gobernados y les indique sus obligaciones? No, esa constitución no existe. El congreso que debe votarla está por convocarse hace veintitrés años, y lo que es más deplorable, es que las autoridades que deben su existencia a la promesa solemne de convocar un congreso, guardan sobre este punto un silencio culpable. ¿Quién es el jefe de esta República sin cabeza, sin ley, sin forma, de esta Confederación que no está federada por vínculo ninguno, y que solo reconoce por representación, por ley, constitución, la voluntad omnipotente, irresponsable, de un simple encargado provisorio de las relaciones exteriores? Este estado de cosas debe tener un término y este término debe ser en este momento, o si no, nunca. En este momento nadie puede abusar de su posición, ningún interés puede ser oprimido. Montevideo aún resiste, sus derechos pueden ser oídos. Oribe está fuerte; pero el triunfo completo no lo embriaga al punto de negarse a toda transacción. La suerte de Montevideo depende de la voluntad de Francia, como el poder de Oribe depende del poder de Rosas. El encargado de las relaciones exteriores tiene su título provisorio de los gobiernos de las provincias, que tienen el derecho de suspenderlo, convocando al Congreso, facultad que cada uno se ha reservado en el tratado adicional al cuadrilátero. Si el encargado de las relaciones exteriores quisiese alzarse con el poder, estorbando el cumplimiento de la condición con que lo obtuvo, entonces la isla de Martín García, que está en poder de la Francia, y que asegura la libertad de Entre Ríos, Corrientes y Santa Fe, por una simple protesta de alguno de aquellos gobiernos, se conserva en rehenes y en depósito en poder de la Francia, hasta hacer entrar en su deber al usurpador. La Francia y la Inglaterra tienen interés en que se legisle la navegación de los ríos, lo que solo puede hacer el congreso, como no puede haber tratado celebrado por el encargado de las relaciones exteriores sin que sea ratificado por el congreso, única autoridad competente para ello. Todo ciudadano argentino, todo federal, todo oriental puede prohijar esta idea, difundirla, defenderla, popularizarla. ¿Será declarado salvaje unitario el que pida la constitución federal de la República, conforme al voto de la legislatura de San Juan que declaró que no quería que la República permaneciese inconstituida? ¿Será declarado mal federal el gobierno que en virtud de las convenciones celebradas antes y después del encargo hecho al gobierno de Buenos Aires de las relaciones exteriores, pida la convocación del congreso? ¿Será tachado de mal argentino el que se interese en atraer a orientales y paraguayos a reunirse en una gran nación para poner término a las luchas presentes y futuras que amenazan su porvenir? ¿Entrará en el número de los anarquistas sanguinarios el que pida que cese la efusión de sangre, que se extirpen las causas que la promueven, que se asocien todos en un interés común, que lejos de debilitar la autoridad de los gobiernos federales, ni amenazarlos por revueltas, aumenten su respetabilidad con la sanción de un congreso que ponga término al estado provisorio que pesa por tantos años sobre la República y complica todas las cuestiones y las hace interminables? El encargado de las relaciones exteriores obtendrá un voto de gracias por la energía tenaz con que ha defendido los derechos de la Confederación; pero la nación se emancipará con este paso de la tutela en que ha caído, por la imposibilidad de hacer efectiva la responsabilidad de su encargado. ¿Quién se puede hacer ilusión a este respecto? Las legislaturas de las provincias, los gobernadores y los pueblos están condenados a cada nuevo acto del encargado a darle un millón de gracias, a aplaudir a grito herido, a ofrecerle las fortunas y las vidas, para que haga de ellas lo que a su beneplácito cuadra. Las Gacetas de Buenos Aires, los decretos de los gobernadores, las leyes de las juntas provinciales, están ahí revelando al mundo este hecho que se repite todos los días, sin que una sola vez se haya levantado una voz, no decimos para protestar contra un acto, o mal comprendido o mal desempeñado, para romper ese coro eterno de alabanzas, que a fuerza de repetirlas dejan sospechar de la sinceridad y de la espontaneidad con que se hacen. El mal no está en los hombres, sino en la falta de instituciones, en la falsedad de posición de cada uno de los personajes de este extraño drama. El encargado de las relaciones exteriores, nominalmente subordinado a los gobiernos de la provincia de quienes tiene el encargo, somete a la aprobación de éstos un acto consumado de su política. Pero los gobernadores que deben examinarlo estando dispersos no pueden comunicarse sus observaciones, no pueden discutir entre sí sobre la bondad o perversidad del acto. Se temen y desconfían los unos de los otros; están bajo la influencia de su comitente, que es más fuerte que cada uno de ellos. Si uno desaprobase lo obrado o pidiese explicaciones, como no está sostenido por los demás, se expone a quedar fuera de la ley, declarado enemigo de la Federación. El resultado inevitable, fatal, es una aprobación completa, absoluta, sin reserva ni explicaciones. Ahora, como el ejercicio de todo poder no reconoce límites claros sino cuando hay otros poderes interesados en no ser absorbidos, resulta que el encargo de las relaciones exteriores ha ido, a medida que lo requerían las circunstancias del momento, ensanchándose, fortificándose e invadiendo las atribuciones de los gobiernos de las provincias, las de la Iglesia, las que están declaradas pertenecen al Congreso, en fin, las que no pertenecen sino al mismo Dios, único poder a quien le es permitido cambiar el orden de los acontecimientos humanos. Hoy día los gobiernos de las provincias confederadas no saben a punto fijo dónde terminan sus atribuciones y principian las del encargado.

Capítulo VII. Del poder nacional

Hay condiciones especiales para los gobiernos de la América del Sur, que por no haber sido comprendidas hasta hoy, en unos países se mantiene el atraso por el conato de legislar sobre lo que existe, imitando en esto a los gobiernos antiguos de Europa, o se destruye todo por espíritu de antipatía a lo europeo, por americanismo. Lo primero conduce al quietismo; lo segundo, a la barbarie. La América del Sur se encontraba en 1810 bajo condiciones únicas en la historia de los pueblos civilizados o cristianos. Con un continente inmenso y una población escasa; con ríos navegables, sin naves, ni el hábito de navegarlos; con una tierra fértil y sin ciencia para cultivarla; con ciudades en el interior sin comunicación fácil con los puertos; con un pueblo habituado a los usos y necesidades de la vida civilizada y sin industria para satisfacerlos. Dados estos antecedentes, cuya verdad nadie pone en duda, el tiempo por sí solo no puede producir una mejora de situación sensible; porque no hay progreso sino donde hay rudimentos que desenvolver, como ciencia, industria, etcétera. La independencia conquistada no podía ser un bien sino a condición de darnos libertad para corregir los defectos que había negado la colonización; la independencia, para perpetuar el mal existente, podría traer por consecuencia la destrucción de lo que existía, por la pereza y las pasiones desencadenadas. Estos principios sencillos, pero de una aplicación muy general los limitaremos aquí a unos cuantos casos de una experiencia práctica. La República Argentina, por ejemplo, es un país despoblado desde el estrecho de Magallanes hasta más allá del Chaco. En el interior hay una población reducida en número y nula en cuanto a capacidad industrial, porque no ha heredado de sus padres ni las artes mecánicas, ni las máquinas que las auxilian, ni el conocimiento de las ciencias que las dirigen y varían. Los gobiernos americanos nacidos de la independencia debían, pues, ocuparse exclusivamente en hacer de esta inmensa extensión de país un Estado; de los ríos, medios de comunicación y exportación; de la población tan reducida, una nación. Pero si hubiese un gobierno de esperar que el tiempo le trajese estos resultados, para que la población actual reproduciéndose pueda llegar a componer una nación de millones de hombres, dos serían los resultados: primero, que se necesitarían quinientos años para obtenerlo, y en seguida que se reproducirían los mismos hombres con su escasez actual de conocimientos, su falta de nociones industriales, etc. Esto es lo que sucede hasta ahora poco en la España europea; se continúa así en Marruecos, en África, y otros países. La población crece después de siglos; pero la civilización de los habitantes no está hoy más avanzada que lo que estaba quinientos años antes. ¿Por medio de qué prodigio, pues, podría un gobierno acelerar la obra del tiempo y mejorar a la vez la condición inteligente, industrial y productiva de la población actual? La emigración europea responde a todas estas cuestiones. Hágase de la República Argentina la patria de todos los hombres que vengan de Europa; déjeseles en libertad de obrar y de mezclarse con nuestra población, tomando parte en nuestros trabajos, disfrutando de nuestras ventajas. Esto es lo que sucede hoy en Norte América, que tenía tres millones de habitantes cuando se hizo independiente, y cuenta hoy veinticinco; que se componía solo de trece Estados, y hoy se compone de veintiocho, entre los cuales hay muchos poblados casi exclusivamente por los emigrantes. De Inglaterra han emigrado en 10 años medio millón de hombres, y de Europa entera emigran por año igual número de almas, de las cuales la mitad se dirige a los Estados Unidos y la otra se dispersa por todos los países nuevos del mundo, llevando a todas partes industria, medios nuevos de adquirir y con frecuencia fortunas hechas. He aquí una estadística de los emigrados que han desembarcado en Nueva York en 1849:

112.591	Procedentes de Irlanda.
55.705	de Alemania.
28.321	de Inglaterra.
8.890	de Escocia.
3.830	de Noruega.
2.683	de Francia.
2.447	de Holanda.
1.782	del País de Gales.
1.007	de Suecia.
1.045	de Suiza.
602	de Italia.
449	de las Indias Occidentales.
287	de Portugal.
214	de España.
172	de Cerdeña.
150	de Dinamarca.
141	de la Nueva Escocia.
133	de Polonia.
118	de Bélgica.
59	del Canadá.
38	de Rusia.

Figuran en este estado otros países por corto número emigrados, hasta componer un total de 220.603. Donde esta masa de población se reúne, se devastan campos incultos, se levantan ciudades, se pueblan de naves los ríos, se recargan los mercados de productos, porque el europeo trae consigo una parte de la ciencia, de la industria y de los medios mecánicos de producir de las naciones civilizadas; de donde resulta que cuantos más europeos acudan a un país, más se irá pareciendo ese país a la Europa, hasta que llegue un día en que le sea superior en riqueza, en población y en industria, cosa que ya sucede hoy en los Estados Unidos. ¿Han obrado en vista de este resultado nuestros gobiernos? Nuestra triste historia está ahí para responder. Veinte años nos hemos ocupado en saber si seríamos federales o unitarios. Pero qué organización es posible dar a un país despoblado, a un millón de hombres derramados sobre una extensión sin límites? Y como para hacer unitarios o federales era necesario que los unos matasen a los otros, las persiguiesen y expatriasen, en lugar de doblar el país ha disminuido la población; en lugar de adelantar en saber, se ha tenido cuidado de perseguir a los más instruidos. Se necesitaba atraer población de otros países para que aumentase nuestro número y riqueza e introdujese el conocimiento de las artes y de las ciencias que nos faltan, y en veinte años no hemos hecho más que gritar contra los extranjeros, e intimidar a los que se dispondrían en Europa a venir con sus familias y su industria a establecerse entre nosotros; y como estas antipatías originan guerras, bloqueos, y que para resistirlos se necesita dinero y ejércitos, mientras nos defendíamos en el Río de la Plata, los indios salvajes despoblaban con sus depredaciones el interior, y reducían aun más que lo que estaba antes la parte ocupada por los cristianos. Así vamos cada día de mal en peor, y continuará el mal en adelante, mientras no organicemos un gobierno nacional que se proponga por objeto único de sus esfuerzos poblar el país y crear riquezas. Este propósito, seguido con tesón por una serie de años, acelerará de un modo prodigioso nuestro desenvolvimiento, pero para llevarlo a cabo se requiere otra organización dada al país, y otro espíritu que el que ha aconsejado y dirigido la política de la nación. ¿Qué hacen, por ejemplo, esos enviados que ganan 10.000 pesos anuales, en Washington, Río de Janeiro, Londres, París? Arrastrarse ante gobiernos que no hacen caso de ellos, o confundirse entre la turba de diplomáticos haraganes, dándose aire de grandes señores y dándose buena vida con nuestras rentas. Estos enviados debían ser hombres laboriosos, ocupados exclusivamente de estudiar los medios que aquellas naciones emplean para enriquecerse; de ponerse en contacto con los hombres que por su ciencia, su industria, nos convendría hacer venir a nuestro país. Nuestras embajadas en Europa deberían ser oficinas públicas, para procurarnos y enviarnos millares de emigrantes laboriosos, para seducir hombres eminentes, para predisponer por la prensa la opinión de la Europa en favor de nuestros países, poco conocidos hasta hoy, si no es por sus guerras y sus desórdenes. Oficinas de este género establecidas en Burdeos, Havre, Cádiz, Génova, Róterdam, Hamburgo, nos enviarían cien mil emigrantes por año, que en uno solo cubrirían de mieses los campos y ciudades de todo el bello territorio de Entre Ríos. Tenemos un ejército y las disposiciones guerreras de los argentinos los hacen aptos para la vida militar. ¿Qué hemos hecho en diez años con nuestro ejército? Acamparlo en el Cerrito de Montevideo para que destruya ganados y mate hombres extraviados, porque, o no hemos podido, o no hemos querido tomar la plaza; pero en uno y otro caso no hay gloria ni provecho. Y el ejército tiene una grande y larga tarea que desempeñar entre nosotros. Cada diez años se hacen entradas a los indios; los indios se retiran al Sur a la aproximación de nuestras fuerzas, y en cambio de los 100.000 pesos que ha costado la expedición, nuestros expedicionarios vuelven con algunos centenares de ovejas tomadas a los indios y algunos individuos de chusma por trofeos; concluido lo cual, los indios reaparecen en nuestras campañas y siguen sus depredaciones. Un gobierno previsor debe obrar de otra manera. Desde Bahía Blanca hasta la cordillera de los Andes, apoyándose en la margen del río Colorado, debe de diez en diez leguas erigirse un fuerte permanente, y dispuesto de modo que sirva de núcleo a una ciudad. Esto no haría más que quince a veinte fuertes, los cuales formarían un límite final a la República por el Sur. Las tribus salvajes que quedasen cortadas por esta línea de puestos alcanzados, no resistirían largo tiempo a la amenaza de ser aniquiladas, cogidas entre dos fuerzas y diezmadas. Dos vaporcitos echados en el Colorado, telégrafos de brazos elevados sobre los fuertes para dar desde cada uno de ellos la señal de la alarma a los dos contiguos, son suficientes medios de mantener la seguridad y las comunicaciones de la frontera. La guarnición de estos puntos se haría con colonos militares, a quienes se distribuiría el terreno adyacente para estancias de ganados, proveyéndolos de animales, plantas, etc. La Rusia ha poblado por este sistema sus fronteras asiáticas, y la Francia no se posesionó de la Argelia sino el día que acantonó sus ejércitos en el Tell, dejando tras sí las poblaciones árabes sometidas y arrollando por delante a las que resistían en su poder. La pacificación de la frontera no se terminará, aun así, dentro de cincuenta años; pero establecidos estos puntos de ocupación, al Sur, los caminos dejarán en breve de ser infestados por los salvajes, y las provincias de Córdoba, San Luis y Mendoza avanzarían sus fronteras, su población y ganados cien leguas al Sur. La fortificación de algunos estrechos desfiladeros por donde pasan la cordillera los indios de Boroa, a hacer malones en la Sierra de la Ventana, y las de San Luis y Córdoba, completarían este sistema simple pero efectivo de pacificación interna. Al Norte, otro ejército, otro sistema de colonias fortificadas, la población, la ganadería, la agricultura extendidas hasta allá para su sostén, continuarían la obra de los españoles bajo un plan inteligente y seguido. Los trabajos de Arenales, el viaje de Cruz desde Antuco hasta Buenos Aires, y otras exploraciones no menos importantes, están revelando lo que debe hacerse, si no se quiere que las poblaciones del interior sean aniquiladas. En el extremo sur de la sierra del Alumbre o de Santa Bárbara, en la provincia de Salta, existe el fuerte de San Fernando, establecido por el gobierno español en 1750. Desde allí al Sur hay camino transitado hasta el fuerte y reducción de Miraflores, a orillas del Salado, que viene de Santiago y continúa al poblado por ambas márgenes hasta que, cambiando su nombre en Tomé, desemboca en el Paraná, en las puertas de la ciudad de Santa Fe. El Salado es el límite de las poblaciones cristianas al oeste de Córdoba, poblaciones detenidas en su crecimiento por los salvajes en estos últimos años. Entre este río al Sur, el Paraná al Este, y el Bermejo al Norte, media una extensión de país de más de cuatro mil seiscientas leguas cuadradas que no ha sido aún ocupada, y aunque este país sea inundable en mucha extensión, seco en otras, el Estado necesita ocuparlo, para arrojar a los bárbaros a la orilla Norte del Bermejo, para despejar esta línea de comunicaciones entre Jujuy, Salta, Tucumán y Santiago del Estero con Corrientes, Paraguay y Entre Ríos. La circunstancia de ser habitado por los indios, muestra que la población cristiana puede medrar allí, sin que deba excluirse la presunción de que las inundaciones mismas puedan suministrar alimento a la agricultura, como sucede en el Egipto, que anega el Nilo periódicamente todos los años.

Esta colonización militar al Norte y la que hemos propuesto al Sur, encerrarían el espacio de país comprendido entre los 23° y 40° de latitud, la cordillera de los Andes y los ríos a cubierto de invasiones de los salvajes, a fin de que la colonización pacífica se extienda a sus anchas y puebla tan vasto territorio. A medida que aquellas líneas fuertes se consoliden y pueblen, nuevos ejércitos de colonos militares avanzarían al Sur y al Norte a formar nuevas trincheras, ocupar y poblar nuevos países, apoyándose al Sur en las márgenes del río Negro•, navegable hasta la cordillera según la relación de Villarino, y al Norte sobre el Pilcomayo, navegable en partes, pero siempre una barrera para los salvajes y una vía para los productos. Nuestros padres nos han dejado una inmensa herencia desierta, y una inmensa tarea que llenar para desempeñar nuestro papel de nación y de parte constituyente del mundo. Esta es la obra de siglos, y desde ahora se han de echar bases adecuadas a obra tan extensa. Más difícil ha sido para los holandeses poner coto al océano; más grande empresa ha acometido la Francia para someter a los árabes. Nuestras expedicioncillas a los indios para volver con historias y paparruchas son especulaciones ruines de gobernantes para arrancar contribuciones y enriquecerse, o para preparar con ellas medios de engrandecimiento personal. No son los indios los que quedan cautivos; son los pobres pueblos, que suministraron soldados y dinero. Existe todavía en Buenos Aires una de las más bellas instituciones de otros tiempos, aunque hoy no se haga sentir por trabajo ninguno de consecuencia. El Departamento Topográfico, hecho nacional, debiera ser el foco de donde partiesen y a donde volvieran todos los trabajos de reconocimiento, mensuración y demás. Nuestro principal elemento de prosperidad son los terrenos baldíos, improductivos hoy, pero que pueden valer millones desde el momento que se emprenda distribuirlos a los colonos por un precio determinado. Una vez aseguradas las fronteras por el sistema que hemos indicado, el interior de la República debe ser objeto de trabajos en grande escala. En los Estados Unidos, el gobierno de Washington pone en venta todos los años una porción de las tierras federales que han sido medidas y deslindadas de antemano por los ingenieros. De este modo entran por año en caja 200.000 pesos, y se echan los cimientos a nuevas poblaciones y Estados. Correspondería al Departamento Topográfico Nacional proceder a la mensura y enajenación de las tierras baldías cultivables en diversos puntos de la República, a fin de que los emigrantes que lleguen de Europa sepan adonde dirigirse, y no se acumulen en las costas por la incertidumbre y el temor de aventurarse a ciegas en un país desconocido. El interior debe hacerse viable para la emigración, y una cadena de casas de posta desde Buenos Aires a Mendoza y Tucumán asegurar el tránsito de los caminantes a pie. En Bolivia, país que reputamos más atrasado que el nuestro, el viajero marcha por los desiertos, durmiendo de noche en edificios decentes, construidos por el gobierno. ¿Quién que haya atravesado de Buenos Aires a San Luis, no recuerda con horror aquellas pocilgas que llevan el nombre de postas y que revelan el atraso de que no se ve ejemplo en las llanuras del Asia, donde de tiempo inmemorial existen caravanserrallos para comodidad y abrigo de los traficantes? No hay dificultades invencibles para la voluntad, ni inconvenientes que no haya remediado la experiencia. Los pozos artesianos, cuya construcción se ha simplificado en estos últimos años, aseguran la provisión de agua. Los ganados que se transportan de Buenos Aires al interior se desbandan en los campos al menor ruido que los asuste, por falta de apriscos de distancia en distancia, donde pasen la noche seguros. Una posta de la pampa debiera ser en realidad una posta para el relevo de diligencias regulares que hagan la travesía periódicamente, una fortaleza, un aprisco para los ganados, una posada para emigrantes, un telégrafo (de brazos) para transmitir noticias, y un centro para que en los lugares adecuados se aglomere población. El comercio de Chile y el de Bolivia deben ser fomentados por estos medios y otros que están a nuestro alcance. En la pampa, una casa blanca y de regular elevación se divisa de diez leguas a la redonda, y de un minarete se descubren quince leguas, lo bastante para ponerse a cubierto de sorpresas de los bárbaros durante el día. El Departamento Topográfico debiera promover un sistema seguido de trabajos de exploración en los ríos, para asegurarse de los que son navegables y de los que pueden ser canalizados. Qué sabemos hoy del Negro, del Colorado, del Bermejo, del Pilcomayo, de los lagos de Guanacache, el Tercero, y otras vías de transporte, sino lo que nos han dejado los jesuitas y algunos exploradores mandados por la corona española? ¿Ni quién puede emprender este cúmulo de trabajos, sino un gobierno nacional interesado en el desarrollo de todas las partes del territorio, sin preocupación por favorecer los intereses de una provincia en perjuicio de otra, y con fondos nacionales cuyo empleo deba hacerse en pro común? Bompland, Parchappe, D'Orbigny han visitado las riberas del Plata y enriquecido la ciencia europea con datos preciosísimos. ¿Qué hemos sacado nosotros del contacto de tan ilustres huéspedes? Y entre nosotros todo está por hacerse en materia de conocer el país donde vivimos y la naturaleza que nos rodea. Estudios no menos vastos deben emprenderse sobre la constitución geológica de países tan extensos. ¿Quién puede imaginarse las inexploradas riquezas que esconde en sus entrañas la sierra de Córdoba, cuyos sitios risueños y vistas pintorescas recuerdan los Alpes de la Suiza? Viajeros europeos han encontrado en ella siete especies de mármoles y jaspes de una rara beldad; el hierro abunda; la plata y el oro han sido explotados y mil elementos de riqueza están esparcidos por doquier, esperando que la industria venga a aprovecharlos. La provincia de Córdoba, como centro de la República, debe ser el depósito general de todos los medios de mejora que hayan de ponerse en práctica para acelerar la población del interior. Córdoba reúne las dos grandes vías comerciales de Chile y Perú; desde Córdoba puede canalizarse el Tercero, para ligarlo al gran sistema de ríos. A Córdoba debe empujarse la emigración europea, para que puebla las campañas y eche las bases de una industria fabril; a que predisponen las costumbres hacendosas de los habitantes y las materias textiles que se producen en cantidades enormes, un jardín de las plantas de Córdoba, para enriquecer el interior de nuevas materias de cultura, haras para la mejora de las razas de animales domésticos, e introducción de otras nuevas, como caballos de tiro normandos, como vacas y caballos de raza inglesa. El vulgo desdeña estas innovaciones, creyéndolas superfluidades, hijas de un espíritu de novedad. Téngase presente, sin embargo, que el primer carnero merino introducido en Buenos Aires fue por la solicitud de un gobierno ilustrado, y que veinticinco años después Buenos Aires ha contado por millones el producto de sus lanas refinadas. Hasta la aclimatación de camellos para la travesía de los desiertos del interior debe ser materia de la solicitud de un gobierno. Los hay en Pisa, en Italia, el clima de Argel y de Marruecos, donde son el único vehículo de transporte, no es más ardiente ni la tierra es más árida que en la provincia de La Rioja. He aquí los objetos de primera atención para un gobierno nacional: atraer rápidamente la emigración europea, que por el miedo que les inspiramos pasa a establecerse en países más remotos; solicitarla, promoverla, alentarla, hasta que se establezca una corriente natural y espontánea, hasta que desde los puertos de Europa hasta las márgenes del Plata pueda verse una línea no interrumpida de embarcaciones. Esto no es imposible ni lejano. A Nueva York han llegado 14.000 emigrantes en un solo día, y en Norte América cada día se hace más contingente y precaria la condición de los emigrantes, las tierras baldías están ahora a más de 400 leguas de las costas y los emigrantes sin auxilio del gobierno, explotados por los especuladores, agotan sus fuerzas y sus energías antes de haberse establecido. Es más posible ahora que la Europa se conmueva por sus cimientos, y son millones los hombres cuya posición es desgraciada. ¿Qué habría sido del país americano que por una buena inspiración de la Providencia se hubiese hallado en aptitud de recoger a bordo de sus naves en Europa para hospedarlos en América, los señores madgyares que se han asilado en Turquía, los sabios franceses perseguidos, los patriotas alemanes pisoteados en Francfort? La libertad, la grandeza y la civilización de los Estados Unidos la han fundado, para gloria eterna del pensamiento humano, algunos centenares de puritanos proscriptos de Inglaterra, perseguidos allá por revoltosos y turbulentos, y que reunidos en un país virgen afianzaron para siempre la libertad y la igualdad. ¡Cuántos trabajos tiene que emprender aún la bella y favorecida provincia de Buenos Aires! Sus campañas son eriales, tales como han salido de las manos de la naturaleza; sus habitantes, ganados más bien que hombres, y sus producciones hasta hoy tan pingües empiezan a desmerecer en los mercados europeos, por la revolución que en la industria ha introducido el uso del hierro, del cobre, del plomo, que han reemplazado al cuero en los implementos mecánicos. Los almacenes de Buenos Aires se recargan de mercaderías, y el comercio se estaciona por falta de población que las consuma. La leña y las maderas de construcción han de venirle de afuera, porque aún no se ha pensado en cubrir de bosque el terreno, y la agricultura es hasta hoy, bajo el clima más propicio, materia de jardinería y de provisión del mercado, más bien que asunto de exportación. La Bahía Blanca pudiera convertirse sobre ambas márgenes del Colorado en un centro de colonización que extendiendo sus conquistas al este y al noroeste se pusiese en contacto con la población del Sur de la provincia. La campaña habitada de Buenos Aires daría espacio para la residencia de dos millones de labradores, sin que para ello fuese necesario disminuir la crianza de ganados. La Francia, no más grande que aquella provincia, contiene treinta y seis millones de habitantes, y mayor número de ganados que en Buenos Aires. ¿Cuáles son, sin embargo, los progresos que la industria hace en aquel país, aun en su estado de barbarie? Según el mensaje del gobernador de aquella provincia, resulta que de diez años a esta parte la mayor parte de los ganados están alzados, cual si vivieran en el estado de naturaleza. La provincia ha pedido a su gobierno que a trueque de continuar gobernándola deje sin despachar los asuntos que no sean de interés nacional. Nosotros aplaudimos el heroísmo de un pueblo que pide a su gobernante que descuide todo lo que a su propia administración y adelanto interesa, por cuidar de los asuntos de interés nacional; mas nosotros desearíamos por el contrario que contrajese a su provincia sus desvelos, dejando al Congreso nacional la incumbencia de velar por los intereses de todos. Réstanos anticiparnos a la más vulgar de las objeciones que se oponen a la realización de estos sueños; sueños, sin embargo, que se realizan hoy a nuestra vista, en los Estados Unidos, en California, por los mismos medios que proponemos para nuestro país. Una comparación. Buenos Aires es el puerto único de la Confederación, la residencia del encargado de las relaciones exteriores, el gobernador con la suma del poder público: Buenos Aires, la poderosa Buenos Aires, no tiene un muelle que facilite el movimiento de las mercaderías, que ahorre el ridículo expediente de cargar a hombros los pasajeros o entrar carretas al río a recibir las mercaderías. San Francisco de California tiene en solo dos años doce muelles de desembarco, y uno de ellos produce al día 40.000 pesos. Opónese a toda idea de progreso entre nosotros la falta de dinero para obras al parecer tan colosales. Pero suponiendo que a las rentas se les hubiera de dar un destino útil en estos últimos doce años, es claro que por lo menos 40 millones de pesos hubieran podido emplearse en muelles, caminos, canales, postas, colonias militares y trabajos de exploración y conmensuración. Pero no puede restaurarse ya ni el tiempo ni las fortunas perdidas. Harto hará Buenos Aires, en un siglo, si una bancarrota no pone término a todo, en amortizar en un siglo los 100 millones de moneda ficticia con que ha gravado su porvenir. ¿Valía, ¡Dios mío!, la pena de sacrificios tan espantosos, de calamidades tan irreparables el empeño de que Oribe o Rivera gobernasen en Montevideo? No desesperemos, sin embargo, del porvenir. Haya tranquilidad fundada en bases estables, vuelva la autoridad provisoria de la Confederación a su centro legítimo que es el Congreso, y restableciéndose la tranquilidad y la confianza, los capitales abundarán. Los tres cuartos de los canales y caminos de hierro de los Estados Unidos se han ejecutado con capitales ingleses. En Europa el dinero no tiene otro interés que el 3 %, y aun el dos; el capital calcula los riesgos, y no hay empresa por lejana o problemática a la que un buen interés no provoque capitales. Cuando se nos vea trabajar, cuando desaparezcan esos gobiernos voluntariosos y esas guerras obstinadas, los capitales, los brazos, la industria europea vendrá de suyo a buscar, bajo la salvaguardia de nuestras leyes, ocupación lucrativa. Dos líneas de poblaciones fuertes al Sur y al Norte de la República, aumentan de millones el valor de los millares de leguas asegurados entre ellas. He aquí ya un capital adquirido: un sistema de postas, telégrafos y posadas que atraviese el interior en dos o tres direcciones, para que los inmigrantes de todas las edades y sexos puedan penetrar a beneficiar tierras baldías, constituye por sí solo valores de millones; la navegación de los ríos promovida, facilitada, ensanchada, importa millones; y la confianza que un gobierno constituido inspira en los ánimos para aventurar en empresas que requieren años para su realización, vale millones de millones. No hagamos depender los acontecimientos públicos, la guerra o la paz, la libertad o la clausura de los ríos, el comercio por esta o la otra vía, de la, voluntad de un hombre; porque es muy miserable la condición humana para no extraviarse en la apreciación de los hechos. Que la razón pública presida a todos los actos del gobierno, como el interés general, tal como lo entienden los gobiernos y no como lo cree un gobernante, debe ser el objeto y fin de sus actos. Todavía otra objeción: ¿Cuál será la constitución que habrá de darse a la nueva federación o a la actual, si no se logra el fin deseado? Pero esta cuestión es más fácil de resolver que las demás. La naturaleza del país y la colocación recíproca de las provincias indican cuáles deben ser sus relaciones. La voluntad nacional, la violencia, los hechos han dado al Estado la forma federal. Las constituciones no son más que la proclamación de los derechos y obligaciones del hombre en la sociedad. En este punto todas las constituciones del mundo pueden reducirse a una sola. En materia de garantías, seguridad, libertad, igualdad, basta declarar vigentes todas las disposiciones de nuestras constituciones antiguas, la del año 12, la del 18 y la de 1826.

En cuanto al mecanismo federal, no hay otra regla que seguir por ahora que la constitución de los Estados Unidos. ¿Queremos ser federales? Seámoslo al menos como lo son los únicos pueblos que tienen esta forma de gobierno. ¿Querríamos, acaso, inventar otra forma federal desconocida hasta hoy en la tierra? Entremos en un régimen cualquiera que salga de lo arbitrario, de lo provisorio, de lo inconstituido, y el tiempo, la tranquilidad, la experiencia irán señalando los escollos y apuntando el remedio. Todos los pueblos marchan en esta vía. El elemento de orden de un país no es la coerción ni la comprensión del gobierno. Son los intereses comprendidos. La despoblación y la falta de industria prohíjan las revueltas: poblad y cread intereses. Haced que el comercio penetre por todas partes, que mil empresas se inicien, que millones de capitales estén esperando sus productos, y crearéis un millón de sostenedores del orden; establecido así este orden, no es tan absurdo que los hombres de bien deseen en secreto verlo desaparecer. Cambiad el rumbo a las ideas, y en lugar de aspiraciones de partido abridles un nuevo teatro de acción y fomentad nuevas esperanzas. Las preocupaciones populares pueden ser modificadas y dirigidas. Los romanos habían mamado con la leche la idea de que estaban destinados a dominar el mundo, y lo consiguieron. Los franceses hace un siglo que se creen llamados a presidir la civilización moderna, y los esfuerzos de sus labios parecen justificar sus pretensiones. Infundid a los pueblos del Río de la Plata que están destinados a ser una grande nación, que es argentino el hombre que llega a sus playas, que su patria es de todos los hombres de la tierra, que un porvenir próximo va a cambiar su suerte actual, y a merced de estas ideas, esos pueblos marcharán gustosos por la vía que se les señale, y doscientos mil inmigrantes introducidos en el país y algunos trabajos preparatorios darán asidero en pocos años a tan risueñas esperanzas. Llamaos Estados Unidos de la América del Sur, y el sentimiento de la dignidad humana y una noble emulación conspirarán en no hacer un baldón del nombre a que se asocian ideas grandes.

Libros a la carta

A la carta es un servicio especializado para
empresas,
librerías,
bibliotecas,
editoriales
y centros de enseñanza;
y permite confeccionar libros que, por su formato y concepción, sirven a los propósitos más específicos de estas instituciones.

Las empresas nos encargan ediciones personalizadas para marketing editorial o para regalos institucionales. Y los interesados solicitan, a título personal, ediciones antiguas, o no disponibles en el mercado; y las acompañan con notas y comentarios críticos.

Las ediciones tienen como apoyo un libro de estilo con todo tipo de referencias sobre los criterios de tratamiento tipográfico aplicados a nuestros libros que puede ser consultado en Linkgua-ediciones.com .

Linkgua edita por encargo diferentes versiones de una misma obra con distintos tratamientos ortotipográficos (actualizaciones de carácter divulgativo de un clásico, o versiones estrictamente fieles a la edición original de referencia).

Este servicio de ediciones a la carta le permitirá, si usted se dedica a la enseñanza, tener una forma de hacer pública su interpretación de un texto y, sobre una versión digitalizada «base», usted podrá introducir interpretaciones del texto fuente. Es un tópico que los profesores denuncien en clase los desmanes de una edición, o vayan comentando errores de interpretación de un texto y esta es una solución útil a esa necesidad del mundo académico.

Asimismo publicamos de manera sistemática, en un mismo catálogo, tesis doctorales y actas de congresos académicos, que son distribuidas a través de nuestra Web.

El servicio de «libros a la carta» funciona de dos formas.

1. Tenemos un fondo de libros digitalizados que usted puede personalizar en tiradas de al menos cinco ejemplares. Estas personalizaciones pueden ser de todo tipo: añadir notas de clase para uso de un grupo de estudiantes, introducir logos corporativos para uso con fines de marketing empresarial, etc. etc.

2. Buscamos libros descatalogados de otras editoriales y los reeditamos en tiradas cortas a petición de un cliente.